ROLF KRIEGER

Erinnerungen
an meine Arbeit für Siegburg,
auch meine „viel liebe Stadt"

Rolf Krieger (Politiker)

Rolf Krieger (*31. März 1940 in Siegburg) ist ein deutscher Politiker der CDU.

Ausbildung und Beruf

Nach dem Abitur 1959 belegte Rolf Krieger von 1960 bis 1963 und von 1965 bis 1967 ein Studium der Fächer Französisch und Geografie an der Rheinischen Friedrich-Wilhelms-Universität Bonn sowie 1963/64 an der Universität Grenoble (Frankreich). 1969 legte er sein Assessorexamen ab. 1972 wurde er Studienrat, ab 1975 Oberstudienrat und 1986 Studiendirektor am Anno-Gymnasium in Siegburg.

Politik

Rolf Krieger ist seit 1964 Mitglied der CDU. Seit 1979 war er Stadtverbandsvorsitzender in Siegburg. Er war Mitglied des Rates der Stadt Siegburg vom 17. November 1969 bis zum 31. Januar 1995 und vom 4. Mai 1975 bis zum 2. November 1994 Mitglied des Kreistages des Rhein-Sieg-Kreises. Ehrenamtlicher Bürgermeister der Kreisstadt Siegburg war Krieger von 1989 bis zum 31. Januar 1995, vom 1. Februar 1995 bis 2004 war er hauptamtlicher Bürgermeister. Er war stellvertretender Vorsitzender des Bezirksplanungsrates beim Regierungspräsidenten Köln und ist Mitglied der CDA.

Rolf Krieger war ab dem 31. Mai 1990 Mitglied des 11. Landtags von Nordrhein-Westfalen, in den er über die Landesliste einzog und aus dem er am 31. Januar 1995 wegen seiner Wahl zum hauptamtlichen Bürgermeister wieder ausschied.

ISBN: 978-3-938535-87-5

Alle Rechte vorbehalten

Erschienen bei: Rheinlandia Verlag, Klaus Walterscheid, Siegburg, 2012

Herausgeber: Geschichts- und Altertumsverein für Siegburg und den Rhein-Sieg-Kreis e.V.

ROLF KRIEGER

Erinnerungen
an meine Arbeit für Siegburg,
auch meine „viel liebe Stadt"

INHALTSVERZEICHNIS

Vorwort	6
Prolog	8

ERSTER TEIL — 14

Die Straßen- und Verkehrsplanung in Siegburg nach dem Zweiten Weltkrieg bis heute	14
Die Geschichte der Siegburger Fußgängerzone	18
Die Erweiterung der Fußgängerzone in der Kaiserstraße	28
Die Verbindung der Fußgängerzone mit dem neuen ICE-Bahnhof	30
Die Ansiedlung des Kaufhofs	34
Die Ansiedlung von C&A, der Bau der Brauhofpassage und die Ansiedlung des Textilkaufhauses Wehmeyer	42
Der Bau des Hochwasser-Pumpwerkes Siegburg-Kaldauen	46
Die Ansiedlung der Firma Dohle	52
Die Ansiedlung des Obi-Marktes	56
Die Ansiedlung der Software Union, heute Thales	58
Die segensreiche Arbeit des Kindergartenfördervereins für die Stadt Siegburg	62
Die Rettung des Siegburger Krankenhauses	66
Der politische Hintergrund der Schwierigkeiten des Siegburger Krankenhauses	72
Not lehrt beten	76
Der Bau des Cinelux, heute Cineplex, über dem Busbahnhof	80
Die Geschichte des Siegburger ICE-Bahnhofs	84
Die Geschichte des S-Carrés	94
Die neuen Wohngebiete in Siegburg	102
Die Geschichte der Verkehrskreisel in Siegburg	116

ZWEITER TEIL 124

Der 1. März 1979 und seine Bedeutung für Siegburg 124

Die Gründe, die zum 1. März 1979 führten 127

Die Auswirkungen der „Tonbandaffäre" 132

Der Tag der Entscheidung 137

Die Wiederholung der Kandidatenaufstellung nach ausgehandeltem Kompromiss 141

Der neue CDU-Vorstand 143

Die Kommunalwahl am 30. September 1979 145

Die Wahl des neuen Stadtdirektors im Jahr 1980 147

Die Jahre nach dem „historischen" Kompromiss.
Wie ich zum ehrenamtlichen Bürgermeister gewählt wurde 151

Die Geburt der „Siegburgpartei".
Wie ich hauptamtlicher Bürgermeister wurde 155

Wie man ganz sicher Wahlen gewinnt 158

Wie man Bundestags- und Landtagskandidaten aufstellt oder:
Die große Siegburger CDU Familie 162

VORWORT

Schon bald nach meiner Pensionierung fasste ich den Entschluss, das eine oder andere aus den langen Jahren meines politischen Lebens schriftlich zu fixieren. Dabei ging es mir nicht darum, meine Memoiren zu erstellen, sondern vielmehr darum, vor allem die Hintergründe für bestimmte Entwicklungen und Geschehnisse aus der jüngeren Siegburger Stadtgeschichte darzulegen, an denen ich mitwirken konnte und die bisher noch nie in die Öffentlichkeit gelangten. Wenn sie nicht aufgezeichnet würden, gingen diese Hintergründe für immer der Nachwelt verloren.

Die folgenden Zeilen habe ich über einen längeren Zeitraum erstellt. Beim Schreiben bin ich mir selbst erstmalig über die Beweggründe vieler meiner Handlungen, die innere, tiefere Motivation klar geworden. „Geht nicht, gibt es nicht", war oft mein Motto. Auch wenn eine Angelegenheit aussichtslos erscheint, gibt es meist immer noch eine vernünftige Lösung. Manchmal muss man allerdings unkonventionelle Wege einschlagen, um sie zu erreichen. Und: „Man darf nie aufgeben."

Strukturiert habe ich das vorliegende Werk in zwei Teile. Der erste Teil beinhaltet für die Stadt Siegburg wichtige Einzelereignisse und ihre Hintergründe. Der zweite Teil befasst sich mit der Geschichte der CDU Siegburg in den 1970er Jahren.

Widmen möchte ich das kleine Werk meinem Freund und Mitstreiter Jürgen Becker. Der frühere JU- und langjährige Fraktionsvorsitzende der CDU im Siegburger Stadtrat ist eine Person, die ebenso viel Anteil an den großen Erfolgen für die Stadt Siegburg hat, wie ich selbst. Doch in der Öffentlichkeit wurde dies nicht so erkennbar, einmal, weil Jürgen Becker ein bescheidener Mensch ist, der die Öffentlichkeit, wenn es eben geht, meidet, zum anderen aber auch, weil man als Fraktionsvorsitzender ohnehin nicht so im Licht der Öffentlichkeit steht wie ein Parteivorsitzender und Bürgermeister.

Jürgen Becker war in den langen Jahren, in denen ich mit ihm zusammenarbeiten durfte, immer über alles von Beginn an informiert, er hat viele Dinge initiiert, mit überdacht und mitgestaltet; Jürgen Becker war der große strategische Kopf in dem nicht kleinen Freundeskreis unserer politischen Mitstreiter.

Von Jungen Unions-Zeiten an gehörten zu unserem engsten Führungszirkel immer auch Michael Solf, Anna Diegeler-Mai, Erich Nießen und Horst Janoschek; bis zu seinem von uns allen bedauerten Ausscheiden auch Charly Halft, der seit der Kommunalwahl 2009 für die Grünen im Stadtrat sitzt.

Mitte der 80er Jahre stieß dann Franz Huhn, mein Nachfolger als Bürgermeister und Parteivorsitzender, zu uns. Etwa ab diesem Zeitpunkt gehörte auch er mit zur Keimzelle aller politischen Entscheidungen in der Stadt Siegburg.

Wir alle wissen, dass wir das, was wir erreicht haben, nur erreichen konnten, weil uns viele getragen haben, sowohl in unserer Partei als auch in der gesamten Siegburger Bevölkerung. Ihnen allen, die uns in langen Jahren immer treu gestützt und unterstützt haben, möchte ich mit diesem kleinen Buch ein wenig Dank abstatten.

Danken möchte ich auch all denjenigen, die mich ermutigt haben, dieses kleine Werk zu vollenden und zu veröffentlichen. Der erste, dem ich das Rohmanuskript gegeben habe, war mein alter Freund seit Studententagen, der ehemalige Archivar der Stadt Siegburg, Kulturabteilungsleiter des Rhein-Sieg-Kreises, Dr. Hermann-Josef Roggendorf. Er hat mich nach kritischer Durchsicht ausdrücklich ermutigt, weiterzuarbeiten und allein schon aus historischen Gründen dafür zu sorgen, dass dieses Buch veröffentlicht werde.

Der ehemalige 1. Beigeordnete der Stadt Siegburg, Dr. Gert Fischer, Dezernent für Kultur, Schule und Sport der Stadt Siegburg, heute Beigeordneter in den gleichen Bereichen in der Stadt Mönchen-Gladbach, hatte sich schon früh angeboten, mich bei meiner Arbeit zu unterstützen. Ihm verdanke ich eine sehr kritische und aufwändige Durchsicht des Manuskriptes, für die ich zu großem Dank verpflichtet bin.

Danken möchte ich auch der Archivarin der Stadt Siegburg und Geschäftsführerin des Geschichts- und Altertumsvereins der Stadt Siegburg und des Rhein-Sieg-Kreises, Dr. Andrea Korte-Böger, die mich nach Durchsicht ebenfalls ausdrücklich ermuntert hat, das Manuskript als Buch zu veröffentlichen.

Nicht zuletzt zu großem Dank verpflichtet bin ich meinem alten Freund, dem städtischen Oberverwaltungsrat, Gerd Heiliger, der nicht nur in vielen gemeinsamen Sitzungen mit mir das Manuskript kritisch durchgearbeitet hat, sondern der auch für die meisten Fotos in diesem Buch gesorgt hat. Ohne seine Unterstützung hätte ich es kaum geschafft, das kleine Werk zu vollenden.

PROLOG

Zu meinem 60. Geburtstag haben mir Anna Diegeler-Mai und Erich Nießen, zwei meiner langjährigen Weggefährten, einen Geburtstagsvortrag dargebracht, der mein politisches Leben recht gut charakterisiert.

Zu Beginn meiner Erinnerungen möchte ich Ihnen diese Zeilen nicht vorenthalten.

Vor etwa 35 Jahren fing Politik für dich an,
erst zehn Jahre später zogst du uns heran.

Die Anna, den Michael, den Jürgen,
den Erich, die Entscheidung war doch gut, sei mal ehrlich.

Du hattest ja auch noch Unterstützung von den Freunden, den alten,
jetzt konntest du so richtig schalten und walten.

Da warst du noch Mitglied der Jungen Union,
wir verabschiedeten dich mit einem Fackelzug vorm Balkon.

Deine Arbeit legtest du voll auf die Planung,
am meisten erregen dich Planer ohne Ahnung.

Stillstand im Verkehr ärgerte dich noch mehr,
eine Videokamera musste her.

Nun filmte man die Kreuzung vorm Kreishaus ganz oben,
es gab keinen Anlass, die Ampelfachleute zu loben.

Der Verkehr stand still, die Kreuzung war offen,
die, die die Ampeln geschaltet hatten, waren wohl besoffen.

Wegen deiner Ideen waren dir die Geschäftsleute gram,
denn du warst es schuld, dass der Kaufhof kam.

Oh je, hörte man Geschäftsleute klagen, jetzt geht es uns schlimm,
doch heute klagt keiner wegen gutem Gewinn.

Dann sagtest du etwas, das war für viele ein Graus,
der Verkehr muss aus der Stadt heraus.

Die Fußgängerzone wurde beschlossen,
und du von den Geschäftsleuten angeschossen.

Die Geschäftsleute klagten, jetzt hat er es geschafft,
jetzt nimmt er uns den letzten Saft.

Obwohl es ihnen heute allen geht gut,
fanden nur wenige, Dir zu danken, den Mut.

So musstest du immer alles erkämpfen,
aber dich konnte keiner dämpfen.

Du bekamst schnell den Vorsitz im Planungsausschuss,
die Antwort der Besserwisser war der baldige Ausschluss.

Um größeren Schaden von Siegburg abzuwenden,
mussten wir die Ära der Alten im Rat beenden.

Du riefst wieder alle deine Freunde in dein Haus,
mit einer ausgereiften Strategie gingen wir nach Haus.

Eine Parallelstraße zur Zeithstraße über Papagei und Viehtrift sollte her,
mit einer Brücke über die Viehtrift mit viel Verkehr.

Dass das nicht mehr ging, dafür sorgtest du,
du setztest dich durch und schüttetest sie zu.

Die Aktion brachte viele Mitglieder für die CDU,
bei der Kandidatenaufstellung 1979 stimmten sie uns alle zu.

Unsere Gegner waren sehr versessen,
aber sie konnten sich mit uns nicht messen.

Die richtigen Leute waren bei dir,
und sie behaupteten sich in ihrem Revier.

Die Stimmung war zum Reißen gespannt,
wer behält denn wohl die Oberhand?

Bei Wahlgang Nummer eins, da wurde es schon klar,
dass die Krieger Gruppe die stärkste war.

Diese erste Auszählung machte uns natürlich Mut
und wir dachten, wenn das so weitergeht, wird der Abend gut.

Ob CDU, Junge Union oder CDA,
alle waren für Dich da.

Leider haben wir das Ziel nicht ganz erreicht,
der Bürgermeister blieb und das war nicht leicht.

Es wurde danach viel verhandelt,
Herkenrath war dann wie verwandelt.

Bei der Kommunalwahl 1984 hatten wir die Mehrheit noch satt,
fünf Jahre später wurde sie durch Herkenrath schon knapp.

1989 verloren wir dann erstmals die Wahl,
das war für uns eine große Qual.

Wir verkauften uns nicht an die FDP,
und sagten lieber dem Bürgermeisterposten ade.

Doch die Mehrheit im Rat, mit Abstand die meisten,
wollten Rolf Krieger als Bürgermeister.

Das Regieren war schwer,
wir hatten die Mehrheit nicht mehr.

Es ging gegen die Ampel mit brauner Klammer,
die ganze Geschichte war für die Stadt ein Jammer.

Auch ohne Mehrheit, man kann es ja sehen,
gelangen uns der Bau von Stadtbücherei und Museum.

Die Bürger erkannten Rolfs Arbeit an,
die Zeit der absoluten Mehrheit 1994 wieder begann.

Der harte Kämpfer Krieger,
war plötzlich ein ganz lieber.

Mit Blümchen ging er von Haus zu Haus.
Ganz klar: Der Wahlsieg blieb nicht aus.

Mit großer Mehrheit zogen wir ins Rathaus.
Die SPD verlor Sitze und die FDP flog raus.

Den Stadtdirektor ärgerte das sehr,
ihm passte Krieger nicht, er wollte nicht mehr.

Die Gemeindeordnung war ganz neu,
der hauptamtliche Bürgermeister für uns frei.

Wen hätten wir auf diesem Posten lieber,
alles klar, da gibt's nur Krieger.

Das Regieren macht ihm sichtlich Spaß,
manche Mitarbeiter ärgert das.

Die Politik gibt die Richtung an, daran lässt sich nicht rühren,
die Verwaltung muss alles ganz präzise ausführen.

Ein großes Glück über Siegburg fällt,
der ICE an unserem Bahnhof hält.

Jetzt ist Rolf nicht mehr zu halten,
Pläne für einen neuen Bahnhof sind nun zu entfalten.

Kinopalast, ICE-Bahnhof und Europaplatz,
bei Krieger ist nichts für die Katz.

Die nächste Wahl, die stand ins Haus,
da ging er mit dem Franz hinaus.

Da konnte man immer Bürgermeister sehen,
im Doppelpack durch Siegburg gehen.

Rolf fand Ferdis Melonen sehr schön,
Die muss man auf Plakaten sehn.

Ganz Siegburg sagte, das ist der richtige Mann
und ließ ihn jetzt in Direktwahl dran.

Das ärgerte den Konkurrenten Tepper sehr,
gab es doch keine Stichwahl mehr.

Der erste Grieche im neuen Rat,
Lazaros, machte sein Lokal zur Feier parat.

Die Bürger vom schönen Siegburg werden es auch künftig nicht bereuen,
sie werden sich über die weitere Entwicklung mit uns freuen.

Wenn Rolf Krieger neue Ideen hat,
wird das zum Guten für unsere Stadt.

Mit 60 kann man noch viel erreichen,
stell' Du doch bitte weiter die Weichen.

Lieber Rolf, bleibe froh und heiter,
wir alle sind gerne deine Begleiter.

Es gibt ja noch so viel zu sagen,
aber wir hören, euch knurrt schon der Magen.

Wir hoffen, der Vortrag war euch ein Genuss,
drum machen wir Schluss.

                                        Anna und Erich

Blick auf Siegburg vom Michaelsberg aus

ERSTER TEIL

DIE STRASSEN- UND VERKEHRSPLANUNG IN SIEGBURG NACH DEM ZWEITEN WELTKRIEG

Die Straßen- und Verkehrsplanung in Siegburg nach dem Zweiten Weltkrieg lässt sich in zwei Zeitabschnitte unterteilen. Die Kommunalwahl 1979 bildete den großen Wendepunkt. In dieser Kommunalwahl, die hauptsächlich um den Bau des Ost-Ringes geführt wurde, konnte die Siegburger CDU einen großen Sieg

Trasse des Ostringes aus dem Generalverkehrsplan von 1966

erringen. Damit wurden die alten Planungen der Stadtverwaltung, Siegburg zu einer „verkehrsgerechten" Stadt auszubauen, endgültig zu Grabe getragen.

In den sechziger Jahren hatten die Städte in Deutschland darum gewetteifert, ihre Straßen für die rasant steigende Zahl der Autos „verkehrsgerecht" auszubauen. In vielen Städten wurden ganze Straßenzüge abgerissen, die Fahrtrassen rigoros verbreitert; aber man konnte gar nicht so schnell bauen, wie die Verkehrsmenge zunahm.

In Siegburg begannen die Stadtväter ebenfalls Anfang der sechziger Jahre, sich um den rasant wachsenden Verkehr zu kümmern. Sie gaben ein Gutachten bei der „Arbeits- und Forschungsgemeinschaft für Straßenverkehr und Verkehrssicherheit" in Auftrag, das 1966 dem Rat zur Beschlussfassung vorgelegt wurde.

Dieser 142 Seiten umfassende Generalverkehrsplan hatte zwei Hauptergebnisse: zum einen eine Umgehungsstraße im Norden der Stadt, die dann auch später als B 56 N gebaut wurde und die die Innenstadt um ca. 35.000 Autos aus Richtung Much, Neunkirchen-Seelscheid und Lohmar täglich entlastet.

Das zweite Hauptergebnis beinhaltete eine innerstädtische Tangente, die von Bonn kommend auf einer neuen Siegbrücke als

Hochstraße, autobahnmäßig ausgebaut, auf Stelzen, über die Bonner Straße und um den steilen Hang des Michaelsberges herumführend, dann nach Norden verlaufend an die neue Umgehungsstraße, nördlich der Aulgasse, angeschlossen werden sollte.

Zu dieser Innenstadttangente heißt es auf Seite 81 des vorerwähnten Gutachtens: „Nördlich der Zeithstraße ist diese Innenstadttangente mit ebenen signalgeregelten Verkehrsknoten an das Straßennetz angeschlossen. Der Verkehr wird durch vier durchgehende Fahrspuren aufgenommen, die an den Knotenpunkten durch Abbiegespuren erweitert werden. Südlich der Tönnisbergstraße ist eine kreuzungsfreie Führung der Straße vorgesehen, die dann südlich der Stadt über eine neue Siegbrücke westlich von Siegburg-Mülldorf als Umgehungsstraße bis etwa zum Knotenpunkt bei St. Augustin geführt werden kann."

Eine neue Verbindung der Wahnbachtalstraße, hinter der Autobahnbrücke, mit der Zeithstraße in Richtung Much wurde als mögliche Ostumgehung der Stadt Siegburg ebenfalls geplant.

Fotomontage des Ostringes unterhalb des Johannistürmchens

Eine weitere Planung, die von der Stadt Siegburg über lange Jahre hartnäckig verfolgt wurde, wird auf Seite 92 des Generalverkehrsplans vorgestellt:

„Der auffällig hohe Zuwachs der Zeithstraße ist bedingt durch die starke Entwicklung der nord-östlichen Vororte (Stallberg, Kaldauen, Braschoß usw.) der Stadt Siegburg. Es ist zu fragen, ob nicht eine zusätzliche Verbindung zwischen diesen Stadtteilen und der Innenstadt schon als „Überlaufventil" bei Unfällen etc. notwendig ist. Eine solche Verbindung könnte im Zuge der Straßen „Viehtrift" und „Auf der Papagei" ohne besondere Schwierigkeiten noch geschaffen werden und über die Wolsdorfer Straße an die Innenstadttangente angeschlossen werden."

An dieser Stelle sei bereits darauf hingewiesen, dass diese Idee die Geschicke der Stadt Siegburg nachhaltig beeinflusst hat. Nicht weil diese Überlegung schließlich verwirklicht wurde, sondern weil die Bekämpfung dieser Idee meinen Freunden und mir direkt und indirekt die Möglichkeit gegeben hat, uns in der Siegburger Kommunalpolitik durchzusetzen. An anderer Stelle in diesem Buch wird auf diese Tatsache besonders einzugehen sein.

Der Kampf gegen das ideologische Ziel einer „verkehrsgerechten Stadt", gegen stadtzerstörende Großprojekte und der Einsatz für eine menschengerechte Verkehrsplanung mit Raum für Fußgänger und eine humane Stadtgestaltung gehörten zu den Haupttriebfedern der reformerischen Gruppe, die sich in der CDU zu Beginn der siebziger Jahre zu formieren begann.

Oberer Markt, um 1970. Foto Stadtarchiv

Der Siegburger Markt, um 1970. Foto Stadtarchiv

DIE GESCHICHTE DER SIEGBURGER FUSSGÄNGERZONE

Der Gedanke, das klar abgegrenzte und abgerundete Siegburger Stadtzentrum, die alte von der Mauer umgürtete Stadt, zu einem Fußgängerbereich umzugestalten, war schon Mitte bis Ende der sechziger Jahre aufgetaucht. Zum ersten Mal 1967 in einer Skizze der Verwaltung der Stadt Siegburg über die Stadtkernerneuerung. Der Fußgängerbereich wurde hier jedoch nur ermöglicht durch den Bau eines breiten Stadtringes, quer über den Oberen Markt, die Holzgasse und den Bereich der Scheerengasse.

Zum zweiten Mal tauchte der Gedanke 1970 in einem Gutachten zur Gewerbeansiedlung, dem sogenannten „Ingesta-Gutachten", wieder auf, allerdings auch hier wieder nur unter der Voraussetzung, dass die Stadt vorher leistungsfähige Umgehungsstraßen gebaut hätte.

Die von den Erstellern des Gutachtens für notwendig erachteten neuen Umgehungsstraßen hätten nicht zuletzt aus Kostengründen mittelfristig nie gebaut werden können.

Sollte daher die Schaffung einer Fußgängerzone in Siegburg in absehbarer Zeit nicht zu verwirklichen sein?

Nach der Kommunalwahl 1969 hatte sich eine kleine Gruppe der Jungen Union und der CDU damit beschäftigt, die Voraussetzungen zur Errichtung einer Fußgängerzone zu schaffen. So wurden im Planungsausschuss provisorische Straßenverbreiterungen durchgesetzt, z.B. der Straße Am Neuenhof, aber auch kleine Ausbauten, wie z.B. die Verbindung der Wellenstraße mit der Aulgasse, die heutige Schillerstraße. Dadurch wurde auf

Die Broschüre der Jungen Union

Seiten 3 und 4 der Broschüre der Jungen Union

Grundlage des bestehenden Straßennetzes eine Art innerer Ring um die Stadt geschaffen und damit die Voraussetzung für eine autofreie Innenstadt. Dieses Konzept wurde im Mai 1972 im Planungsausschuss gegen den Widerstand von Teilen der eigenen Verwaltung, die nach wie vor gegen die Errichtung einer Fußgängerzone war, aber auch gegen den Widerstand der Oppositionsparteien verabschiedet. Die Gegner spotteten über eine „Krieger-Zone". Meine Freunde in CDU und Junger Union kämpften mit Verve um die Zustimmung der Bürger. Legendär eine Broschüre der Jungen Union in der – gestaltet von Heribert (Harry) Schmitz und Meinrad Müller – mit eindrucksvollen Fotomontagen für den autofreien Markt geworben wurde. Was damals Montage war, ist heute Realität. Aber die Hürden waren gewaltig.

Im Juni 1973 wurde der Kreisverwaltung als Verkehrsgenehmigungsbehörde erstmalig die Errichtung einer autofreien Zone in der City offiziell avisiert und ein detaillierter Plan der beschlossenen Verkehrslenkung geliefert. Dort stießen der städtische Vorschlag mit den von der Kreisverwaltung und dem Landesstraßenbauamt verfolgten Plänen zur Führung des Durchgangs- und Schwerlastverkehrs quer durch die Innenstadt bei gleichzeitiger Beampelung des Marktes diametral aufeinander.

So kurios es erscheinen mag, der Ausgangspunkt für beide Konzepte war der gleiche: die unmöglichen Verkehrsverhältnisse in der Innenstadt. Verkehrsbehörden und Polizei waren der unumstößlichen Meinung: der Verkehr muss schneller durch die Innenstadt fließen;

Hühnermarkt 1970. Foto Stadtarchiv

denn die Umgehungsstraßen können den Verkehr der Innenstadt nicht zusätzlich aufnehmen.

Das Konzept der Planungsgruppe Junge Union und CDU hatte hingegen folgende Grundlagen: Der Verkehr muss aus der Innenstadt verbannt werden, nur so kann die City gerettet werden. Wenn die Straßen um das Stadtzentrum erst einmal als bevorrechtigte Straßen ausgeschildert sind, werden sie auch den Verkehr der Innenstadt aufnehmen können.

Für das Konzept der Behörden zur verkehrsgerechten Innenstadt waren in früheren Jahren schon einige Voraussetzungen geschaffen worden. Die obere Bahnhofstraße sollte verbreitert werden. Dazu waren einige Abrisse schon verwirklicht. Die ehemalige Kaufhalle war zurückgesetzt wieder aufgebaut worden. Auch das ehemalige Feinkostgeschäft Bergold, der jetzige DM-Markt, lag in der zurück verlagerten Häuserflucht.

Bei diesen Voraussetzungen schienen die Chancen für eine Fußgängerzone in Siegburg bei Null zu liegen. Warum nur? In der Tat, die Innenstadt, vor allem der Bereich um den Markt herum, war voller Autos. Dem Kreis und dem Landesstraßenbauamt schien es unmöglich, die vermeintliche große Menge der Autos auf das übrige Straßennetz umzulegen. Aber waren es wirklich so viele Autos, die am Markt in Siegburg vorbeifuhren?

Irgendwie hatte ich da so meine Zweifel. Also ging ich eines Tages hin und zählte die Autos, die in der „Rushhour" um den Markt herumfuhren. Das Ergebnis war

Die Situation am Markt vor der Fußgängerzone. Fotos Stadtarchiv

umwerfend. Jeder hätte es im Voraus wissen können, wenn er der Logik gefolgt wäre. Jeder Besucher der Innenstadt machte damals die Erfahrung, dass er als Fußgänger wesentlich schneller vorankam als die Autos; die Autos standen die meiste Zeit und bewegten sich nicht weiter. Da der Markt aber immer voller Autos war, hatten viele das Gefühl, die Menge der Autos sei sehr groß. Das Gegenteil war jedoch der Fall. Nicht einmal 40 Fahrzeuge bewegten sich pro 10 Minuten in der absoluten Verkehrsspitze an jeder Marktseite. Nur diese geringe Zahl von Autos, ein Kfz zusätzlich alle 15 Sekunden, mussten die übrigen Straßen aufnehmen und der Markt war verkehrsfrei. Am übernächsten Tag, einem Donnerstag, einem sogenannten durchschnittlichen Verkehrstag, wiederholte ich die Zählung. Das Ergebnis war das Gleiche. Jetzt war ich mir absolut sicher! Die Innenstadt konnte zur autofreien Fußgängerzone umgestaltet werden, ohne dass die übrigen Straßen in der Innenstadt wesentlich stärker belastet wurden.

Mit diesem Wissen ausgestattet, versuchte ich, einen Termin beim damaligen Oberkreisdirektor Kieras zu erhalten. Das dauerte einige Zeit, aber es gelang. Herr Kieras war ein Oberkreisdirektor von „altem Schrot und Korn".

Mit leicht schlotternden Knien suchte ich den gefürchteten Mann auf und brachte ihm mein Anliegen vor.

Mit einem lauten Redeschwall, in dessen Verlauf sich sein Gesicht immer mehr rötete, sprach er mit großer Lautstärke auf mich ein. Was mir einfiele, eine Fußgängerzone dort zu fordern, wo der Verkehr unbedingt herfließen müsse, damit die Stadt Siegburg überhaupt noch eine Überlebenschance habe. Seine Fachleute, auch die vom Landesstraßenbauamt, hätten dies so erarbeitet. Es gebe keine andere Möglichkeit, basta!

Nach etwa 10 Minuten ergab sich die Gelegenheit, auch etwas zu sagen. Ich bat Herrn Kieras, mir nur fünf Minuten zuzuhören. Ich legte ihm meine Zählungen vor und sagte ihm, dass er dies jederzeit selbst nachprüfen könne. Es sei ein Leichtes, die wenigen Autos, die sich in Siegburg über den Markt quälten, die mehr stünden als führen, auf das übrige Straßennetz um die Innenstadt zu verteilen.

Nachdem ich geendet hatte, sagte er zunächst einmal gar nichts. Dann brach es aus ihm heraus: Das könne nicht richtig sein, das könne nicht wahr sein, dann wären seine Fachleute alle Vollidioten und er müsse sie so schnell wie möglich rausschmeißen.

Und wieder schwieg er eine lange Minute. Und dann sagte er den Satz, den ich nie erwartet hätte, der aber gewiss Rückschlüsse auf das Format dieses Mannes erlaubte: „In Siegburg die Fußgängerzone, drei Monate zur Probe!"

Wir hatten gewonnen! In Siegburg und damit in einer der ersten deutschen Mittelstädte konnte die Fußgängerzone eingeführt werden.

Vor dem Kreishaus erwarteten mich meine Freunde von der Jungen Union, allen voran Jürgen Becker. Jubelnd zogen wir durch die Innenstadt, unser Einsatz hatte sich gelohnt. Wir waren am Ziel. Siegburg würde bald eine Fußgängerzone besitzen.

Nach längeren Vorbereitungen wurde am 2. August 1974, pünktlich um 12 Uhr mittags, der Markt für die Autos gesperrt. Allerdings mussten die Holzgasse und die untere Kaiserstraße zunächst ausgenommen werden. Ein einzelner Geschäftsmann hatte eine einstweilige Anordnung erwirkt, damit die beiden Straßen noch in Gänze als Zufahrt zu seinen Geschäften genutzt werden konnten. Aber auch dies nutzte nicht mehr viel. Nach kurzer Zeit wurden die Holzgasse und die untere Kaiserstraße in die autofreie Fläche mit einbezogen. Der mittelalterliche Stadtkern war wieder das, was er vorher über 900 Jahre gewesen war: Fußgängerzone.

Wider Erwarten waren die Verkehrsverhältnisse am ersten Tag der Sperrung der Innenstadt nicht einmal chaotisch. Viele Verkehrsteilnehmer hatten nur in den ersten 20 Minuten noch nicht verinnerlicht, dass sie nicht mehr über den Markt fahren konnten. Die Autos stauten sich, wie die Zeitungen berichteten, nur kurz – vor allem in der Kaiserstraße, in der Holzgasse und in der Mühlenstraße, denn hier mussten alle eingefahrenen Fahrzeuge wenden und wieder zurückfahren.

Am zweiten Tag lief der Verkehr schon wesentlich besser und am dritten Tag bereits reibungslos. Plötzlich gab es in der Siegburger Innenstadt keine Verkehrsstaus mehr. Das Experiment war mehr als geglückt und nur einige wenige, ein paar Geschäftsleute, die von einem Siegburger Rechtsanwalt vertreten wurden, wollten die Fußgängerzone wieder rückgängig machen. Vor allem die vielen Fußgänger

Donnerstag, 1. August 1974

NICHTS GEHT MEHR: Planungsausschußvorsitzender Rolf Krieger in der Fußgängerzone.

Nichts geht mehr: Planungsausschussvorsitzender Rolf Krieger in der Fußgängerzone

in der Siegburger Innenstadt freuen sich über den freien Raum um und auf dem Markt. Selbst eine große Zahl der Geschäftsleute, die sich vorher gegen die Fußgängerzone ausgesprochen hatten, änderten nach und nach ihre Meinung. Da der Kaufhof in Siegburg nur wenige Wochen nach der Fußgängerzone eröffnet wurde, sahen einige Kaufleute nicht, dass ihre kurzfristigen Umsatzrückgänge auf das neue große Warenhaus mit über 10.000 Quadratmetern Geschäftsfläche zurückzuführen waren. Sie sahen den Grund für die Verluste, die sie nach der Eröffnung des neuen Warenhauses natürlich zunächst erleiden mussten, in der neuen Fußgängerzone. Mit allen diesen Geschäftsleuten einigte sich die Stadt schließlich vor Gericht auf einen Vergleich. Danach musste die zum Hühnermarkt hin gelegene Marktseite noch einige Zeit als Parkplatz mit der Anfahrt aus der Annostraße und der Mühlenstraße zur Verfügung stehen.

Bei dem „Experiment Fußgängerzone" hatten wir zunächst zugestehen müssen, dass die Busse weiterhin über den Markt fuhren und dass die Bushaltestelle am Hühnermarkt erhalten blieb. Wir wollten selbstverständlich, dass auch diese schweren, damals noch stinkenden Fahrzeuge aus der Innenstadt verschwänden. Dazu erstellten wir in unserem Arbeitskreis zunächst eine Planung mit neuen Haltestellen am Rande der Fußgängerzone, so wie wir sie auch heute in etwa noch vorfinden. Dann machten wir eine Befragung in der Siegburger Fußgängerzone, ob die Busse weiter über den Markt fahren oder am Rande der Fußgängerzone halten sollten?

Das Ergebnis war eindeutig: Ca. 95 Prozent der Befragten gab an, dass sie die Busse nicht mehr in der Fußgängerzone haben wollten. Das war auch in dieser Deutlichkeit ein von uns nicht erwartetes Ergebnis. Gleichzeitig zeigte dies aber auch, wie sehr die Fußgängerzone in der Bevölkerung bereits akzeptiert war. Ob des eindeutigen Resultates kamen die Behörden und die Verkehrsgesellschaft nicht umhin, letztendlich auch die Busse aus der Fußgängerzone herauszunehmen.

Als die autofreie Zone im August 1974 eingeführt wurde, bestand sie zunächst nur aus gesperrten Straßen, das heißt aus unansehnlichen grauen Asphaltflächen. Am Rande der Straßen verliefen, mit einem Bordstein abgetrennt, die schmalen Bürgersteige. Natürlich taten wir alles dafür, dass die Fußgängerzone auch als solche gestaltet wurde.

Dies sollte insgesamt noch 14 Jahre in Anspruch nehmen. Bereits 1976, im September, wurde die Nordseite des Marktplatzes plattiert und gepflastert. Vier Jahre später wurde der Fußgängerbereich in der vorderen Holzgasse fertig gestellt, 1982 dann der Abschnitt vom oberen Markt bis zur Cecilienstraße, vor dem Kaufhof. Ende August 1986 konnten wir dann mit der Aufstellung des Marktbrunnens den Abschluss des Ausbaus feiern.

Die Fußgängerzone am Markt

Die Fußgängerzone in der unteren Kaiserstraße

Die Fußgängerzone in der Holzgasse

Insbesondere die Frage, wie der historische Marktplatz gestaltet werden sollte, beschäftigte uns lange. Hochprofessionelle Planungsbüros hatten nur wenig befriedigende Vorschläge unterbreitet. Auch ein Wettbewerb unter Architektur- und Städtebaustudenten brachte keine überzeugende Lösung. Eine Oppositionspartei im Siegburger Stadtrat verfiel sogar auf die Idee, den in der Höhe abfallenden Markt in verschiedene ebene Terrassen aufzuteilen. Am Ende war das Ergebnis ebenso verblüffend einfach wie genial. Der damalige Leiter des städtischen Planungsamtes, Bernd Dieter Land, hatte eine Planung entworfen, die den historischen Baumbestand in länglicher Richtung des Platzes wieder herstellte und so den Markt gliederte. Das war überzeugend. So beschlossen wir diese Planung, und der Siegburger Markt nahm seine heutige Gestalt an.

Markt und Fußgängerzone sorgten mit ihrem reizvollen Flair für die starke Anziehungskraft Siegburgs als Einkaufsstadt und damit für einen bemerkenswerten Aufschwung des bis zu den siebziger Jahren leicht verschlafenen Städtchens.

DIE ERWEITERUNG DER FUSSGÄNGERZONE IN DER KAISERSTRASSE

Anfang der 90er Jahre kamen mehrere Geschäftsleute der mittleren Kaiserstraße auf uns zu und fragten uns, ob es nicht möglich sei, die mittlere Kaiserstraße von der Cecilienstraße bis zur Johannesstraße ebenfalls zur Fußgängerzone auszubauen und umzugestalten. Sie sähen gegenüber den Geschäften in der bestehenden Fußgängerzone große Standortnachteile, weil die Kunden in der Höhe des Kaufhofs abrupt ihren Einkaufsweg beenden würden. Den Grund dafür wähnten sie vor allem darin, dass der fließende Verkehr in diesem Straßenstück die Einkäufer zu sehr stören würde.

Wir im Rathaus ließen, gedeckt durch einen Mehrheitsbeschluss im Stadtrat, eine Planung für die Erweiterung dieses Stadtbereiches zur Fußgängerzone erarbeiten. Dabei stießen wir auf eine verkehrstechnische Schwierigkeit. Der Straßenzug Kronprinzenstraße, Friedrich-Ebert-Straße musste für die Rettungsfahrzeuge zum Krankenhaus über die Kaiserstraße hinweg befahrbar bleiben. Bei der Lösung dieses Problems kamen mir wieder meine Kenntnisse und Erfahrungen aus dem Nachbarland Frankreich zu Hilfe. Wie häufig hatte ich hier gesehen, dass Einfahrten und ganze Straßenbereiche durch versenkbare Poller zeitweise vom Verkehr abgesondert wurden. Warum also nicht hier am Ende der Kronprinzenstraße und am Beginn der Friedrich-Ebert-Straße jeweils einen versenkbaren Poller einbauen, der über eine Funksteuerung den Rettungsfahrzeugen eine schnelle Überfahrt über die Kaiserstraße ermöglichte, ansonsten jedoch den Autoverkehr aufhielt?

Eine solche Planung gab es in der gesamten Region bisher noch nirgendwo und nach Fertigstellung kamen die Planungsfachleute der umliegenden Städte, so auch aus der Bundesstadt Bonn, um sich diese Möglichkeit der automatischen, zeitweisen Verkehrssperrung anzuschauen.

Aber auch die Einrichtung dieses Teilstücks der Fußgängerzone ging nicht ohne große Protestaktionen vonstatten. Vor allem der Besitzer eines Elektrofachhandels in diesem Teilstück der Kaiserstraße war strikt gegen den neuen fußläufigen Bereich, weil es damit nicht mehr möglich war, Waschmaschinen, Kühlschränke oder ähnlich schwere Geräte direkt vor dem Geschäft in ein Auto zu verladen. Die Möglichkeit, diese Geräte mittels einer Sackkarre nur wenige Meter weiter zu transportieren und dann sogar auf einem Parkplatz direkt hinter dem Geschäft in ein Auto zu befördern, lehnte er als unzumutbar ab.

Trotz seiner Proteste, wenn ich mich recht erinnere, waren es in diesem Straßenstück der Einzige, bauten wir diesen Teil dann aus, allerdings in einer Form und

Die Fußgängerzone in der mittleren Kaiserstraße

Gestaltung, die es auch zugelassen hätte, den Verkehr durch dieses Straßenstück wieder fließen zu lassen, wenn das Experiment „Fußgängerzone" hier nicht geklappt hätte. Auf den Tag genau zwei Jahre nach Sperrung dieses Straßenstücks durfte ich am 6. Dezember 1997, rechtzeitig vor Beginn des Weihnachtsgeschäftes, auch dieses neue Stück der Fußgängerzone in Siegburg feierlich eröffnen. Es hatte sich, wie wir es erwartet hatten, gut bewährt. Die Einkäuferströme brachen seitdem nicht mehr abrupt am Kaufhof ab, sondern zogen sich auch weiter hinauf in diesen Bereich der Kaiserstraße. Vor allem die sich in diesem Straßenstück befindenden zahlreichen Restaurants, Gaststätten, Cafés und Eisdielen haben seitdem die Möglichkeit, in den Sommermonaten mit einer großzügigen Außengastronomie, ihre Umsätze deutlich zu steigern und den Bürgern Entspannung und Genuss in ansprechender Umgebung zu bieten.

Nach Ausbau der Fußgängerzone siedelten sich in diesem Teilstück der Kaiserstraße einige größere Fachgeschäfte neu an. Auch sie profitieren jetzt von der großen Kundenfrequenz des Kaufhofs, allerdings zur nördlichen Seite der Kaiserstraße hin.

DIE VERBINDUNG DER FUSSGÄNGERZONE MIT DEM NEUEN ICE-BAHNHOF

Als das Cinelux, heute Cineplex, fertiggebaut war und es sicher war, dass auch der ICE-Bahnhof gebaut würde, machten wir uns Gedanken, wie wir die Fußgängerzone mit dem ICE-Bahnhof verbinden könnten. Das war ein alter Traum, den wir schon in der Jungen Union gehabt hatten, als die Fußgängerzone am Markt und um den Markt herum noch nicht bestand. Seit 1979 war diese Idee Bestandteil des langfristigen kommunalpolitischen Programms der Siegburger CDU.

Auch im „Generalverkehrsplan Siegburg" aus dem Jahre 1980, vom Planungsbüro Gerd Seele aus Aurich erstellt, hieß es auf Seite 37 bei der „Alternative zum geplanten Hauptstraßennetz", dem Ostring, unter Punkt 4: „Um einen ungestörten Übergang vom Bahnhof, Busbahnhof, der künftigen S-Bahn und Stadtbahn zur Fußgängerzone in der Poststraße zu ermöglichen, wird die Hauptstraße von der Wilhelmstraße zwischen Bahnhofstraße und Bonner Straße in die hinter dem Bahnhof gelegene Ladestraße verlegt."

Damit war unser „Traum" erstmalig als Forderung in einem offiziellen, vom Rat der Stadt Siegburg angenommenen Generalverkehrsplan, schriftlich fixiert und als optimale Ausbauvariante für die Verkehrsplanung in der Innenstadt niedergelegt.

Wie war es dazu gekommen? Im Jahre 1978, als wir in der CDU-Fraktion im Siegburger Stadtrat ob unserer zukunftsweisenden Verkehrsüberlegungen noch heftig bekämpft wurden, war es uns dennoch gelungen, dass dieses Planungsbüro aus dem hohen Norden der Bundesrepublik vom Stadtrat für die Erstellung des neuen Generalverkehrsplanes beauftragt wurde. Sicherlich trug diese nicht leichte, hart umkämpfte Entscheidung auch dazu bei, dass es zu den großen innerparteilichen Auseinandersetzungen in der Partei – gerade auch bei der Aufstellung der Stadtratskandidaten zur Wahl 1979 – kam.

Wenn man nur geahnt hätte, dass wir, Jürgen Becker und ich, dieses Büro gut kannten und dass sogar einer unserer Freunde freier Mitarbeiter dieses Büros war, hätte Gerd Seele mit Sicherheit nicht diesen interessanten Auftrag von einer Stadt in der Mitte Deutschlands erhalten. Für ihn war das ebenfalls auch deshalb nicht unwichtig, da er doch so sein Renommee als fortschrittliches Planungsbüro auch in unserer Region ausbauen und festigen konnte.

Jedenfalls bestätigte der damals neue Generalverkehrsplan auch auf wissenschaftlicher Grundlage, dass alle unsere Planungsüberlegungen für eine menschengerechte und nicht verkehrsgerechte Stadt richtig waren. (Im Übrigen: Der nachfolgende

Generalverkehrsplan, 30 Jahre später, 2010 für die Stadt Siegburg erarbeitet, hat das 80er Gutachten noch einmal voll bestätigt.)

Seit 1980 stand zwar jetzt die Forderung, den Bahnhof mit der Innenstadt fußgängermäßig zu verbinden, auf dem Papier. Aber wie konnte es jetzt, mehr als zehn Jahre später, als man dabei war einen neuen Bahnhof für eine Schnellzugverbindung von Köln nach Frankfurt über Siegburg zu bauen, gelingen, diese Forderung auch in die Realität umzusetzen? Verlief doch zwischen dem Bahnhof und der Neuen Poststraße, der „Innenstadt", die Bundesstraße 8, mit dem Namen „Wilhelmstraße", in ihrem Siegburger Abschnitt.

Zunächst einmal ließen wir den vor dem neuen Bahnhof gelegenen Teil der Wilhelmstraße äußerlich genauso ausbauen wie die Fußgängerzone in der Neuen Poststraße, d.h. mit dem terrakottafarbigen Plattenbelag „San Mauro", den der Architekt Hartmut de Corné für die gesamte neue Fußgängerzone ausgewählt hatte. Das war außerordentlich schwierig und aufwändig, weil die Platten in diesem Abschnitt auch vom Schwerlastverkehr befahren werden mussten. Der Unterbau war deshalb ein ganz anderer als in der übrigen Fußgängerzone. Die Platten mussten, abschnittsweise mit Stahlbändern gesichert, damit sie nicht verrutschen konnten, auf ein 30 cm dickes Betonfundament gelegt werden. Die Kosten betrugen natürlich ein Mehrfaches des Ausbaus der „normalen Fußgängerzone". Aber das mussten wir in Kauf nehmen, damit zumindest ein optisch gleicher Übergang von der Stadt zum neuen ICE-Bahnhof gewährleistet war.

Während der sechsmonatigen Bauzeit war der Verkehr auf die hinter dem Bahnhof neu erbaute Konrad-Adenauer-Allee verlegt worden. Doch jetzt, wo die Fertigstellung des neuen Straßenabschnitts bevorstand, war zu befürchten, dass der Verkehr wieder auf die Bundesstraße zurückverlegt würde. Ich musste jetzt handeln. Denn wenn der Verkehr erst wieder vor dem Bahnhof herliefe, war der Traum von der Fußgängerzone unter Einschluss des Bahnhofs ausgeträumt.

Kurz vor Fertigstellung des neuen Straßenabschnitts lud ich den zuständigen Leiter der Abteilung Straßenbau des Landes Nordrhein Westfalen mittags nach Siegburg ein, um ihm das neue Bauwerk zu zeigen. Da es um die Mittagszeit war, war er damit einverstanden, dass ich ihn vorab zu einem kleinen Imbiss einlud.

Natürlich hatte ich schon vorher zwei Plätze in einem guten italienischen Restaurant reservieren lassen. Das Essen war schmackhaft, wir tranken neben Mineralwasser auch ein Glas guten Weines dazu und machten uns dann gut gelaunt zur Besichtigung des neu ausgebauten Abschnitts der Bundesstraße 8, vor dem im Bau befindlichen neuen ICE-Bahnhof auf.

Der Besucher war schon überrascht, als er statt eines normalen grauen Straßenraumes eine niveaugleiche, mit schönen farbigen Platten gestaltete Fläche, vorfand und der Satz: „Das ist ja viel zu schade, dass hier noch mal der Verkehr herläuft", brach geradezu aus ihm heraus. „Dann lassen wir ihn doch einfach weg", war meine Antwort.

„Aber das geht doch nicht, das ist doch eine Bundesstraße. Das kann ich nicht verfügen, das geht nicht, das ist unmöglich."

Da ich wusste, dass der hohe Landesbeamte kurz vor seiner Pensionierung stand, sagte ich ihm, dass er doch nichts mehr zu befürchten habe und dass er nicht unbedingt der Einbeziehung dieses Abschnitts der Bundesstraße aktiv zustimmen müsse. Es reiche, wenn er es toleriere, dass die Umleitung über die Konrad-Adenauer-Allee einfach bestehen bliebe und nicht aufgehoben würde.

Und so ist es heute, mehr als zehn Jahre später, noch immer. Wir haben die Fußgängerzonenschilder aufgestellt und nach einem halben Jahr die Umleitungsschilder abgebaut. Zwar meinten zu Beginn die Kreispolizei und das Straßenverkehrsamt des Rhein-Sieg-Kreises, die Einrichtung der Fußgängerzone vor dem Bahnhof sei nicht möglich, weil sie nicht überwacht werden könnte und alle Autos dort durchführen. Aber auch hier wurde eine einvernehmliche Lösung mit der Aufstellung der beiden „Starenkästen" gefunden. Nur die Busse und die Taxen dürfen diesen jüngsten Teil der Siegburger Fußgängerzone im Schritttempo, d.h. mit weniger als 5 km/Stunde, befahren. Daran halten sie sich auch strikt, weil sie sonst von den Kameras geblitzt werden und sie dann ein entsprechendes Verwarnungsgeld bezahlen müssen.

Auch in der Nachbarstadt Troisdorf ist die Bundesstraße 8 nach dem über einen Kilometer langen Ausbau als Fußgängerzone nie offiziell umgewidmet worden. Man sieht also: Auch in Deutschland kann man die Bürokratie und den Bürokratismus das eine oder andere Mal überlisten und überwinden.

So ist es in Siegburg gelungen, was die Bonner bisher noch nicht geschafft haben und was auch dort dringend notwendig wäre, die fußläufige Verbindung der Innenstadt mit dem Bahnhof.

Die Fußgängerzone Europaplatz

Café Felders, Wilhelmstraße und Hotel Herting, Europaplatz

DIE ANSIEDLUNG DES KAUFHOFS

Nicht nur grundsätzliche Verkehrsfragen, sondern auch andere wichtige Planungsentscheidungen haben in den 70er Jahren das Schicksal der Stadt bestimmt.

Am 28. August 1970 eröffnete in der Nachbarstadt Troisdorf das Kaufhaus Hertie, das erste Großkaufhaus im Rhein-Sieg-Kreis. Damit drohte die Jahrhunderte alte, bis zu diesem Zeitpunkt unangefochtene Stellung der Stadt Siegburg als Einkaufsstadt der Region, zu Ende zu gehen. Neben der Schließung der Phrix-Werke im Jahre 1971, des größten Industrieunternehmens der gesamten Gegend, ein weiterer kaum noch zu kompensierender Schlag gegen die Stadt.

Alle politisch Verantwortlichen Siegburgs einschließlich der Stadtverwaltung waren sich in einem Ziel einig: Auch in Siegburg muss ein neues großes Kaufhaus errichtet werden. Sonst wäre die Bedeutung Siegburgs als Einkaufsstadt auf längere Zeit absolut gefährdet. Für die Errichtung eines Großkaufhauses müssten alle anderen Dinge hintangestellt und alle kommunalpolitischen Kräfte gebündelt werden.

Auf mich als jungen Abgeordneten im Stadtrat fiel in diesem Zusammenhang plötzlich und unerwartet eine große Verantwortung. Neben meiner Funktion als Vorsitzender des städtischen Planungsausschusses hatte ich zu Beginn der Legislaturperiode 1969 auch die stellvertretende Leitung des Liegenschaftsausschusses erhalten. Da der damalige Vorsitzende des Liegenschaftsausschusses genau in dieser kritischen Phase einen schweren Herzinfarkt erlitt, der damals eine noch seltene Operation in den USA erforderte, sah ich mich plötzlich nicht nur in der politischen Verantwortung für die städtische Planung, sondern auch für die Liegenschaftspolitik. Soweit es meine freie Zeit zuließ, schaltete ich mich sofort in alle Angelegenheiten ein, die mit der Ansiedlung eines Großkaufhauses für Siegburg in Zusammenhang standen.

Auf der einen Seite war es sicherlich nicht ungünstig für die Stadt, dass in dieser kritischen Phase durch Zufall die politische Verantwortung für Planung und Liegenschaften in eine Hand gelegt war. Dadurch entfielen alle Abstimmungsschwierigkeiten in diesen beiden wichtigen Politikfeldern.

Es gab einen zweiten glücklichen Umstand in dieser schwierigen Lage. Für den Bereich Liegenschaften und Wirtschaft hatte der Rat kurz zuvor einen neuen jungen Beamten von außen zum Beigeordneten gewählt. Dr. Schmitz-Herscheidt war kein herkömmlicher Verwaltungsbeamter, sondern ein Mann mit forschen, teilweise auch unkonventionellen Ideen, der in dieser Situation mit seiner Durchsetzungskraft in einer ansonsten eher behäbigen Verwaltung viel erreichen konnte. Ein weiterer Glücksfall war, dass in dieser Situation ein ehemaliger Klassenkamerad und Conabiturient von mir, Werner Vendel, Leiter des Liegenschaftsamtes war. Wir drei passten recht gut zusammen und machten uns gleich an die Arbeit, um für die Stadt Siegburg zu retten, was noch zu retten war. Dies konnte ebenfalls nur in der Ansiedlung eines Großkaufhauses in der Kreisstadt Siegburg bestehen, in Konkurrenz zu Hertie in Troisdorf.

So schnell es ging, nahmen wir Kontakt zu allen damaligen großen Kaufhausfirmen in der Bundesrepublik auf. Dies waren vor allem die Firmen Horten, Karstadt und die Kaufhof AG. Die Firma Hertie kam natürlich nicht mehr in Frage, da sie mit Sicherheit nicht in der benachbarten Mittelstadt Siegburg, die nicht einmal 5 km entfernt war, sich selbst eine Konkurrenz errichten würde.

Schließlich erreichten wir es, dass sich die Firma Kaufhof AG für den Standort Siegburg interessierte. Diese große Firma schmerzte es sehr, dass sich so nahe bei ihrem Stammhaus in Köln die Konkurrenz breitmachte. Dann war es doch besser, obwohl sie das eigentlich nicht angestrebt hatte, ein direktes Konkurrenzhaus zu Hertie zu errichten. Doch dieser Standort musste nicht unbedingt in Siegburg liegen. Die Verantwortlichen ließen uns wissen, dass für sie auch ein Standort in Troisdorf in der Nähe von Hertie in Frage käme. Zwar zögen sie Siegburg vor, dann müsse aber die Stadt gewährleisten, dass dem Konzern mitten in der Innenstadt innerhalb eines halben Jahres ein ca. 10.000 m² großes Grundstück freigeräumt zu Verfügung gestellt werde. Für das Grundstück boten sie eine nicht gerade üppige Summe an.

Eigentlich waren diese Bedingungen unerfüllbar. Das von der Kaufhof AG ins Auge gefasste Grundstück lag in der Innenstadt am unteren Teil in der mittleren Kaiserstraße und umfasste 16 bebaute Liegenschaften, darunter das an der Kaiserstraße gelegene, alte Heimatmuseum, die einige Jahre zuvor mit dem Geld eines privaten Stifters neu erbaute Stadtbücherei sowie das alte Haus des Kinos „Metropol". Undenkbar für die Siegburger, diese und andere Identifikationsfaktoren der Stadt abzureißen.

Fast alle Geschäftsleute, unterstützt von der gesamten Opposition im Stadtrat und vielen Bürgern, waren gegen den Kaufhof. In einer Versammlung im damals noch bestehenden Saal des Hotels „Zum Stern" wurde ich ausgebuht und ausgepfiffen, wie es nie wieder in meinem Leben geschehen ist.

Dazu vertrat ich ja, wie geschildert, in etwa zeitgleich auch noch die Einrichtung einer Fußgängerzone in Siegburg. Neben „Krieger-Zone" wurde ich damals von der Opposition und den Geschäftsleuten auch für die Ansiedlung des Kaufhofs mit dem Vorwurf „Krieger-Denkmal" verspottet. Aber gab es eine andere Wahl? Wenn die Kaufhof AG wirklich in Troisdorf ein neues Kaufhaus im Umkreis von Hertie errichtete, wäre die Bedeutung Siegburgs als Einkaufstadt für alle Zeiten zu Ende gewesen. Diese bittere Wahrheit galt es den Bürgern und Mitgliedern des Stadtrates zu vermitteln. Schließ-

Das Heimatmuseum um 1970 in der Kaiserstraße. Foto Stadtarchiv

lich schafften wir es, wenigstens die Mitglieder der Mehrheitsfraktion, der CDU, von dem unumgänglich notwendigen Schritt zu überzeugen, und der Stadtrat stimmte mehrheitlich gegen die gesamte Opposition zu, zu versuchen, alle in Frage kommenden Liegenschaften zu erwerben.

Es war ein gewaltiges Unterfangen, das im Grunde kaum Aussicht auf Erfolg bot. Es existierte nicht einmal ein rechtsgültiger Bebauungsplan für den Bau eines Kaufhauses oder einer Großgarage. Es gab zwar jetzt den Mehrheitsbeschluss des Stadtrates. Aber welche Personen konnten und mussten das Ansinnen in die Tat umsetzen? Hier kamen im Grunde nur die drei weiter oben genannten Personen, der neue Liegenschaftsbeigeordnete, der Leiter des Liegenschaftsamtes und der aktuelle Vorsitzende des Liegenschafts-

ausschusses in Frage. Wenn nicht wir, wer sollte denn sonst die Arbeit leisten? Wir mussten viel Geld in die Hand nehmen und mit jedem Grundstückseigentümer einzeln verhandeln. Darüber hinaus galt es, wenn die Verhandlungen erfolgreich abliefen, eine große Anzahl von Mietern ebenfalls in einem freiwilligen Verfahren umzusiedeln.

Wir schritten zur Tat: Fast jeden Abend, denn meist nur dann standen die Grundstückseigentümer zur Verfügung, verhandelten hauptsächlich die beiden Verwaltungsbeamten und noch einige wenige weitere Bedienstete des Liegenschaftsamtes mit den betroffenen Siegburger Bürgern. Von Zeit zu Zeit, vor allem bei besonders schwierigen Verhandlungspartnern, nahm man auch mich mit. Wie man sich denken kann, war die Bereitschaft, eine gute Liegenschaft in der Innenstadt freiwillig zu verkaufen, nur über erhöhte Geldsummen zu erreichen.

Lassen Sie mich als Beispiel eine Verkaufsverhandlung, an der ich selbst beteiligt war, schildern, um für die Nachwelt festzuhalten, unter welchen Bedingungen es gelungen ist, den Kaufhof in Siegburg anzusiedeln.

Um 21 Uhr, also relativ spät am Abend, waren wir bei einem älteren Ehepaar eingeladen, das ein einfaches, kleineres Einfamilienhaus mit Garten im Hintergelände der Kaiserstraße an der Cecilienstraße besaß; der Gesprächstermin musste deshalb so spät liegen, weil das Ehepaar uns mitgeteilt hatte, dass sie vorher noch in Ruhe zu Abend essen wollten. Wir, das waren der Leiter des Liegenschaftsamtes, Werner Vendel, und ich, der seinerzeit amtierende Vorsitzende des Liegenschaftsausschusses. In einer Aktentasche hatten wir vorsorglich zwei Flaschen guten Rotweins mitgenommen; aus Erfahrung wussten wir, dass solch gute Getränke das Gesprächsklima wesentlich verbessern konnten und häufig zu einem Vertragsabschluss führten. Die beiden älteren Herrschaften hatten gut zu Abend gegessen und waren auch nicht dagegen, dass wir ihnen zum Nachtisch ein Gläschen guten Weins anboten. Nachdem wir uns zugeprostet hatten, begannen die Verhandlungen. Die beiden wussten natürlich, worum es ging. Dennoch teilten sie uns mit, dass sie nicht aus der Innenstadt wegziehen wollten und dass sie es eigentlich für ihren Lebensabend nicht besser haben könnten, als sie es jetzt hätten: ein kleines Einfamilienhaus, auf ihre Zwecke zugeschnitten, mit einem kleinen Garten, und das mitten in der Innenstadt. Wir könnten ihnen bieten, was wir wollten, sie zögen hier nicht weg, das könne man nicht von ihnen verlangen.

Diese oder ähnliche Aussagen hörten wir eigentlich immer zu Beginn einer jeden Verhandlung, die wir um jede der betroffenen Liegenschaften führten, welche wir für die Ansiedlung des Kaufhofs erwerben mussten.

Wir konnten dann allen Beteiligten nur erklären, wie wichtig ein neues Großkaufhaus für die Stadt sei und dass ohne ein solches die Bedeutung Siegburgs als Einkaufsstadt gegen Null tendieren werde. Aber man könne das Kaufhaus doch auch an einer anderen Stelle der Stadt errichten. Und wir erklärten unseren Gesprächspartnern, dass die Kaufhof AG auf diesem Gelände bestehe und dass sie, wenn wir das Gelände nicht erwerben könnten, mit ihrem neuen Kaufhaus in die Nachbarstadt Troisdorf gingen. Wir sagten natürlich zu, dass wir für das in die Jahre gekommene Ehepaar eine wesentlich bessere Wohnung, ebenfalls in der Innenstadt gelegen, besorgen würden, dass es bald für die beiden zu schwierig sei, im fortgeschrittenen Alter den Garten zu versorgen und dass neben der viel bequemeren, dem Alter wesentlich besser angepassten Eigentumswohnung, auch noch eine stattliche Summe Geld übrig blieb, um die nicht eben üppige Rente des Ehepaares für den gemeinsamen Lebensabend spürbar zu verbessern. Diese Argumente, die objektiv ja auch richtig waren, sorgten mit dem zweiten und dritten Gläschen Rotwein schließlich dafür, dass man sich mit dem Gedanken anfreunden konnte, das Haus aufzugeben, wenn die neue Eigentumswohnung wirklich in der Innenstadt liege, sie für das Alter entsprechend eingerichtet sei und wenn der Lebensabend der beiden finanziell sogar noch attraktiver werde.

Im nächsten Verhandlungsabschnitt ging es dann um das Geld. Wir boten zunächst immer eine Summe an, die etwa dem geschätzten Wert der Liegenschaft entsprach. Wir waren uns bewusst, dass wir städtisches Geld, also das Geld aller Bürger, ausgeben mussten und dass wir dieses Geld nur sparsam einsetzen durften. Auf der anderen Seite wussten wir auch, dass wir die Eigentümer nur dazu bewegen konnten, freiwillig ihr Hab und Gut, ihre Heimat, an die Stadt zu verkaufen, wenn wir mehr als den materiellen Verlust auszugleichen versuchten. Das aber konnte im Grunde nur in einer Geldleistung geschehen. Und so boten wir bald über den objektiv schon sehr hohen Betrag die nächsten 20.000, 15.000, 10.000 und noch einmal 10.000 DM an. Auf der einen Seite wussten wir, wir konnten nicht unendlich viel Geld ausgeben, auf der anderen Seite hatten wir keine andere Wahl.

Schließlich gegen Mitternacht, die zweite Flasche Wein war längst angebrochen, waren wir uns handelseinig. Jetzt begann eine besonders schwierige und kritische Phase der Verhandlungen. Uns musste es gelingen, das ausgehandelte Ergebnis auch rechtsverbindlich zu fixieren. Denn zu Anfang unserer Verhandlungen hatten wir es häufig erlebt, dass das am Abend erzielte Ergebnis am nächsten Tag nicht mehr gelten sollte. Die Verhandlungspartner hatten noch einmal darüber geschlafen und verlangten fast immer in einer nächsten Verhandlungsrunde noch mehr Geld.

Die rechtsverbindliche Fixierung konnte nur durch einen Notar erfolgen. Mit diesem hatten wir immer vereinbart, dass wir ihn bei einem Ergebnis umgehend telefonisch informieren würden und dass er in kürzester Zeit mit vorbereitetem Vertragsentwurf zu uns zu stoßen habe. Für die Verhandlungspartner war es natürlich überraschend, dass wir noch um Mitternacht einen Notar zu uns baten. Es gelang uns aber fast immer, sie von der Zweckmäßigkeit des sofortigen Vertragsabschlusses zu überzeugen; jetzt wo wir uns einig seien, sollten wir dies auch umgehend notariell bekräftigen.

Der Notar, der zu Hause oder im Büro auf unseren Anruf gewartet hatte, war in kurzer Zeit zur Stelle. Meist trank er noch ein Glas mit, nachdem die Verhandlungspartner den Vertrag unterschrieben hatten.

Wir konnten jetzt guten Gewissens dem Ehepaar eine gute Nacht wünschen. Wir hatten es mit Sicherheit nicht übervorteilt, sondern wir waren im Gegenteil davon überzeugt, dass wir den beiden auch für den gemeinsamen Lebensabend im Grunde etwas Gutes getan hatten. Dennoch waren wir uns auch bewusst, was es bedeutete, sich vertraglich zu verpflichten, das eigene Heim, das eigene Haus, oft das Elternhaus in der Innenstadt, in bester Lage, aufzugeben, um eine wichtige städtische Planung verwirklichen zu helfen.

So oder ähnlich sind alle Verhandlungen abgelaufen. In gut einem Jahr, ein halbes Jahr länger als ursprünglich von der Kaufhof AG gefordert, hatten wir es wirklich geschafft, alle notwendigen Liegenschaften auf freiwilliger Basis – es gab keine andere Möglichkeit – zu erwerben. Allen Ergebnissen stimmte der Rat der Stadt, oft schweren Herzens, aber mittlerweile meist einstimmig, zu.

Vielleicht können die Außenstehenden ein wenig erahnen, welch ungeheure Arbeit die wenigen Mitarbeiter der Verwaltung, die in diese Verhandlungen involviert waren, leisten mussten und geleistet haben, meist im Anschluss an ihre Dienstzeit, oft bis tief in die Nacht, um das Werk zu vollenden: Der Kaufhof AG die Möglichkeit zu bieten, in Siegburg ein Großkaufhaus zu errichten.

Ein solches Ergebnis kann man nur erreichen, wenn die Arbeit nicht mehr nur als eine Arbeit gesehen wird, sondern als Betätigung, die man mit Begeisterung und sportlichem Ehrgeiz durchführt, der man sich ganz verschreibt und die einem eine kaum zu steigernde Freude bereitet.

Für den Erwerb der Liegenschaften zur Ansiedlung des Kaufhofs in Siegburg haben wir mehr als 4 Millionen DM, eine für die damalige Zeit, den Anfang der 70er Jahre, sehr hohe Summe für eine Mittelstadt wie Siegburg, ausgegeben. Der Kaufhof hat uns für die abgeräumte Fläche nur einen relativ geringen Teil dieser Summe erstattet. Die Stadt hatte also rein rechnerisch zunächst einen Millionenverlust zu verkraften. Dieser Verlust war, dessen bin ich mir auch heute, etwa 40 Jahre später, gewiss, in Wirklichkeit der größte Gewinn, den die Stadt in den vergangenen Jahrzehnten erzielen konnte. Denn wäre der Kaufhof nicht nach Siegburg gekommen, wäre Siegburg nicht der Einkaufsmittelpunkt der gesamten Region geblieben.

Möglicherweise wäre heute eine solche Vorgehensweise, wie wir sie damals erbracht haben, nicht mehr möglich. Einem Kaufhauskonzern Millionen DM für die Ansiedlung zu „schenken", würde man heute wohl nicht mehr akzeptieren. Wir erkennen auch daran, welch schwieriges, aber auch interessantes Geschäft die Kommunalpolitik darstellt, und dass sie in der heutigen Zeit vielleicht noch härter geworden ist, als sie es Anfang der 70er Jahre schon war.

DIE ANSIEDLUNG VON C&A, DER BAU DER BRAUHOF-PASSAGE UND DIE ANSIEDLUNG DES TEXTILKAUFHAUSES WEHMEYER

Im Zusammenhang mit der Ansiedlung des Kaufhofs stehen auch der Neubau des Textilkaufhauses von C&A, der Bau der Brauhof-Passage und des Textilkaufhauses Wehmeyer an der Goldenen Ecke. Alle drei Neubauten haben zusammen mit dem Kaufhof den Aufstieg Siegburgs zur überregionalen Einkaufsstadt für die gesamte Region ermöglicht.

Als die Verantwortlichen von C&A Brenninkmeyer den Erfolg des Kaufhofs in der Mittelstadt Siegburg zur Kenntnis nahmen, gab es für sie nur noch die Devise, wir wollen in der Nähe des Kaufhofs ebenfalls eines unserer Textilhäuser errichten. Da die Stadt Eigentümer des Geländes war, hätte man schnell mit der Textilkette einig werden können, denn natürlich waren wir sehr daran interessiert, ein weiteres Großkaufhaus in unsere Stadt zu bekommen. Dennoch zogen sich die Verhandlungen länger als erwartet hin. In diesem Falle war ich der Grund der Verzögerungen. C&A Brenninkmeyer wollte nur ein eingeschossiges Kaufhaus bauen. Das stieß auf meinen entschiedenen Widerstand: Neben dem viergeschossigen Kaufhof jetzt eine eingeschossige Kiste, das war städtebaulich unmöglich! C&A war aber davon überzeugt, nicht mehr als eine eingeschossige Fläche rentabel ausnutzen zu können. Und da kam ein Vorsitzender des Planungsausschusses, der „von wirtschaftlichen Dingen doch keine Ahnung haben konnte" und verlangte von einem europäischen Konzern, über die wirtschaftliche Größe hinaus eine Fläche zu erstellen, die mindestens doppelt so groß sein sollte, wie die von den Wirtschaftsfachleuten errechnete. Nach langen und langwierigen Verhandlungen einigten wir uns mit der Firma darauf, dass sie eine zweite Etage im Rohbau erstellten, sie aber zunächst nicht nutzten. Darauf konnten wir uns einlassen.

Nach nicht einmal drei Monaten nach Eröffnung des neuen Textilkaufhauses rief mich die Geschäftsführung zu sich, um mir dafür zu danken, dass ich sie gezwungen hätte, die zweite Etage ebenfalls zu bauen. Die Umsatzerwartungen, die sie in den Standort Siegburg gesetzt hätten, seien so stark übertroffen worden, dass sie so schnell wie möglich die zweite Etage ebenfalls als Verkaufsraum ausbauen möchten. Ich war natürlich einmal mehr nicht wenig stolz darauf, dass ich als Nichtfachmann nicht nur die städtebaulichen Erfordernisse vertreten, sondern auch die wirtschaftlichen Gegebenheiten richtig eingeschätzt hatte. Auch diese Erfahrung beim Neubau von C&A hat mein Selbstbewusstsein und meine Unabhängigkeit von manchen „Fachleuten" maßgeblich weiter gestärkt.

Beim Bau der Brauhof-Passage, die 1989 eröffnet wurde, gab es eine andere Schwie-

C&A Brenninkmeyer

rigkeit, die überwunden werden musste. Drei Grundstückseigentümer wollten zwischen dem Neubau von C&A und der unteren Kaiserstraße nach und nach neue Geschäftshäuser erstellen. Das hätte auf Jahre hinaus in diesem sensiblen Bereich der Innenstadt große Baustellen bedeutet. Das durften wir nicht zulassen. Obwohl ich zu dieser Zeit nur stellvertretender Bürgermeister war und ich praktisch keine Befugnisse hatte, rief ich die in Frage kommenden Bauherren zu mir. Ich teilte ihnen mit, dass wir mit unserer Mehrheitsfraktion in jedem Falle verhindern würden, dass sie in zeitlichen Abständen neue Geschäftshäuser an dieser Stelle errichteten. Sie möchten sich doch bitte mit einem guten Architekten zusammentun und ihr Vorhaben abgestimmt in einem Zuge durchführen. Dieses Ansinnen konnte ich durchsetzen: der Architekt Ortwin Hillnhütter aus dem bergischen Ort Reichshof-Eckenhagen hatte die Idee mit der Passage über der Straße, die zu C&A führt. Die Stadt stellte den drei Eigentümern den Straßenraum kostenlos zur Unterbauung mit einer Tiefgarage, die sie ebenfalls kostenlos an die städtische Tiefgarage Holzgasse anschließen durften, zur Verfügung, wenn sie über der Straße ein Glasdach auf ihre Kosten erstellen würden. Dies wurde so vereinbart. So erreichte ich mit dieser Gemeinschaftsbebauung für die Stadt eine großartige Passage, die weniger einer kleinen oder großen Mittelstadt, sondern einer Großstadt angemessen ist. Sie wurde am 24. August 1989 feierlich eröffnet.

Was der Textilhauskette C&A Brenninkmeyer angemessen war, musste der anderen großen Textilhauskette Wehmeyer billig sein. Auch sie suchte bald nach einem Grundstück in Siegburg, um sich ebenfalls in dieser Einkaufsstadt zu etablieren. Allerdings war für sie kein geeignetes freies Grundstück mehr in der Innenstadt zur Verfügung. Daher kaufte sie im Jahre 1989 das Siegburger Textilhaus Hülster, gegenüber der „Goldenen Ecke", auf, um dort das alte Gebäude niederzulegen und eine neue Filiale zu errichten. Als sie von diesem Vorhaben erfuhren, liefen viele Siegburger Sturm dagegen. Das alte renommierte Textilgeschäft Hülster gehörte zum Siegburger Stadtbild, und die Siegburger waren nicht dafür, dass dieses alte Haus abgerissen wurde. Da das Gebäude jedoch nicht unter Denkmalschutz stand und auch nicht denkmalwürdig war, es war im 19. Jahrhundert erbaut worden, konnten wir das Haus nicht retten. Aber wir konnten dafür sorgen, dass die neue Fassade sich an dieser hervorragenden Stelle ebenfalls in das Stadtbild einpasste. Die „arme" Firma Wehmeyer musste insgesamt acht Entwürfe vorlegen, bis ich der Fassade zustimmte. Wie wir sehen können, handelt es sich um eine einfache, jedoch auch charakteristische Fassade, die trotz ihres modernen Äußeren sich den Fassaden in der Umgebung in gewisser Weise anpasst und sich des Abschlusses der Kaiserstraße würdig erweist. Um die Bevölkerung zu beruhigen, hatte ich mit meinem Namen verbreiten lassen, dass ich dafür sorgen würde, dass die neue Fassade mindestens so gut würde wie die alte Hülster-Fassade und ebenso gut in die Stadt Siegburg passe.

Die Brauhofpassage

Nachdem die Außenhaut des neuen Gebäudes unsere Zustimmung gefunden hatte, sollte sie bald noch einmal abgeändert werden, die charakteristisch vorspringenden dreieckigen Glaserker sollten aus Kostengründen entfallen, da die Gründung des Gebäudes wesentlich teurer als vorgesehen wurde. Herr Bernd Wehmeyer, der Firmeninhaber, suchte mich selbst auf, um mir dieses mitzuteilen. Ich lehnte seinen Wunsch nicht direkt ab, sondern bedeutete ihm, dass das Bauamt zurzeit so viel Arbeit habe, dass die Bearbeitung des Änderungsantrages mindestens ein halbes Jahr in Anspruch nehme. Herr Wehmeyer hatte sofort verstanden: Wenn das Bauvorhaben ein halbes Jahr später fertig würde, hatte er Zinsverluste, die höher gewesen wären als die Einsparungen bei den Glaserkern. „Herr Krieger, ich habe Sie verstanden, ich baue die Erker."

Nach relativ kurzer Bauzeit eröffnete in Siegburg die vierundvierzigste Filiale der Wehmeyer-Textil-Kaufhauskette, eine weitere bedeutende Stärkung des Einkaufszentrums Siegburg in der gesamten Region.

Kaufhaus Wehmeyer an der Goldenen Ecke

DER BAU
DES HOCHWASSERPUMPWERKES
SIEGBURG-KALDAUEN

Am 27. November 1984 wurden wir in der Sitzung des Planungsausschusses mit der Entwurfsplanung des Hochwasserpumpwerkes Kaldauen überrascht. Mitten in der Siegaue sollte eine Pumpstation gebaut werden, um bei Hochwasser der Sieg den Ortsteil Kaldauen auch bei starken Regenfällen entwässern zu können. Jürgen Becker und ich stießen uns sofort an der Höhe des Bauwerkes mitten im Kaldauer Feld. Dort, in der Siegaue, sollte ein gewaltiges Gebäude, so hoch wie die Alleebäume an der Wahnbachtalstraße, errichtet werden. Das durfte doch nicht wahr sein! Wollte man mit diesem Gebäude wirklich die gesamte Siegaue verschandeln? Nein, es gebe keine andere Lösung, die Maschinen und Pumpen seien so gewaltig, dass man für sie die Höhe des Gebäudes benötige. Jetzt wurden wir hellhörig, was sollten das denn für gewaltige Pumpen sein? Die Verwaltung ließ sich notgedrungen herab, uns das Pumpwerk genauer zu erklären. Fünf riesige Pumpen seien notwendig, um bei Hochwasser der Sieg das Regenwasser des Ortsteiles Kaldauen in den Fluss zu befördern. Wir insistierten weiter und ließen uns das gesamte technische Bauwerk detailliert erklären. Dabei erfuhren wir, dass für den Betrieb der Pumpen eine neue Hochspannungsleitung vom Umspannwerk auf der Zange zu diesem Ort erforderlich sei, um die Energie herbei zu transportieren. Wo diese Hochspannungsleitung herlaufen solle, war unserer nächste Frage. Ja, es gäbe nur eine Möglichkeit, so die Antwort der Verwaltung. Die Masten für die neue Hochspannungsleitung könnten, weil sonst kein Platz vorhanden sei, nur mitten in der Sieg erstellt werden. Das konnte und durfte nicht wahr sein! Neben der Verschandelung der Siegaue durch ein riesiges Gebäude in der freien Landschaft wollte man jetzt auch noch den gesamten Flusslauf zerstören, indem man mächtige, mit Hochspannungsleitungen versehene Stahlpylone in ihn hineinsetzte. Das reichte uns. Wir vertagten den Punkt in die nächste Sitzung.

Bis zu dieser Sitzung am 22. Januar des darauffolgenden Jahres 1985 beschäftigte ich mich intensiv mit dem neuen Hochwasserpumpwerk. Wider Erwarten gestattete man mir, im städtischen Tiefbauamt die gesamte Planung einzusehen und eingehend zu studieren. Die Ingenieure hatten ein Pumpwerk geplant, das es in seiner Größe und Leistung vergleichbar nur an der Nordseeküste gab, um dort bei Sturmflut die Priele auszupumpen. Mein Unverständnis wurde immer größer! Was sollte das alles? Warum sollte in Siegburg für teures Geld, die Baukosten wurden mit 10,6 Millionen DM angegeben, ein Pumpwerk gebaut werden, das es in dieser Größe außer an der Küste in der gesamten Bundesrepublik sonst nicht mehr gab. War das alles nur ein schlechter Witz?

Nein, das schien es nicht zu sein, denn auf der Planung befand sich der Stempel des Staatlichen Amtes für Wasser- und Abfallwirtschaft in Bonn (STAWA): genehmigt als technisch beste und wirtschaftlichste Planung.

Zunächst einmal betrieb ich Grundlagenforschung. Schließlich hatte ich Geografie studiert und die aufzurufenden Daten fielen in diesen Bereich. Beim Tiefbauamt des Rhein-Sieg-Kreises ließ ich mir die Werte der höchsten Hochwasser am Pegel Kaldauen seit Beginn der Aufzeichnungen geben, ebenso die genauen Geländehöhen im Kaldauer Feld. Dabei stellte ich fest, dass zwischen dem Wert des höchsten Sieghochwassers, das jemals gemessen worden war, und der vorhandenen Geländehöhe es immerhin noch eine Differenz von 35 cm gab. Diese 35 cm mussten doch ausreichen, um das Regenwasser aus dem höher gelegenen Gelände im freien Gefälle in den Hochwasser führenden Fluss einzuleiten. Man durfte dann nur kein rundes Kanalrohr einsetzen, sondern eine rechteckiges, 35 cm hoch und möglicherweise 5 oder 10 m breit, je nach der Regenwassermenge, die man maximal pro Zeiteinheit in den Vorfluter Sieg ableiten musste. Dann konnte man auf jegliche Pumpstation verzichten. Aber das durfte doch nicht wahr sein, eine solch einfache Lösung durfte es doch nicht geben; welches Spiel wurde hier getrieben? Sollte hier wirklich eine Stadt „abgezockt" werden? Ich musste einen Fehler gemacht haben, irgendetwas nicht berücksichtigt haben. Ich ging zum Leiter des Tiefbauamtes des Rhein-Sieg-Kreises und legte ihm meine Untersuchung vor. Auch er fand die Überlegungen schlüssig, fand keinen Fehler. Ich unterbreitete meine Recherchen dem Siegburger Planungsbüro Spitzlei und Jossen. Auch sie sagten, ich hätte Recht, das müsse so gehen.

Ich legte meine Untersuchungen unserem Fraktionsvorsitzenden, Jürgen Becker, vor. Als Persönlicher Referent des Ministers Norbert Blüm hatte er damals keine Zeit, tiefer in die Materie einzusteigen. Er sagte mir nur, wie er mich kenne, hätte ich zwar Recht, aber auf der anderen Seite könne ich kein Recht haben. Wenn ein großes renommiertes Büro in Düsseldorf eine solche Planung erstelle, das Staatliche Amt für Wasser- und Abfallwirtschaft diese genehmige, dann hätte ich gegen die keine Chance, vor allem mit einer solch einfachen Lösung. In keinem Falle käme ich gegen den geballten Sachverstand eines solchen Büros an. Er habe Angst, dass ich mich lächerlich mache und dafür sei ich ihm zu schade, ich solle meine Überlegungen besser vergessen. Auch die Opposition würde über mich herfallen.

Was sollte ich in dieser Situation tun? Klein beigeben? Aber ich hatte doch Recht! Es gab doch eine viel einfachere Lösung, die der Stadt Siegburg viel Geld erspartete. Die anderen hatten doch Unrecht. Auch wenn sie renommierte Diplomingenieure waren oder Beamte des Staatlichen Amtes für Wasser- und Abfallwirtschaft. Hatte ich nicht bei meiner Vereidigung für den Rat einen Eid abgelegt, mich für meine Stadt mit voller Kraft einzusetzen und Schaden von ihr abzuwenden?

Als ich im nächsten Planungsausschuss meine Thesen vertrat, saßen mir zwölf Diplomingenieure des planenden Büros aus Düsseldorf gegenüber. Während der ca. einstündigen Diskussion versuchten sie, mich immer wieder zu verunsichern. Ich stellte ihnen immer wieder die Frage, warum sie mit den 35 cm Freigefälle an der ungünstigsten Stelle nicht zurecht kämen. Ich entwickelte ihnen meine Konzeption von einer unterirdischen Pumpstation, aus dem das Wasser im Normalfall ohne Motorenleistung abfließen, im extremen Falle bei Hochwasser jedoch zusätzlich auch noch abgepumpt werden konnte. Dazu schlug ich noch ein vom Wasserstand abhängiges bewegliches Wehr vor, das das vorhandene Stauvolumen des Kanalnetzes ausnutzte und daher wesentlich weniger Kosten erforderte.

Meine Darstellung muss so überzeugend gewesen sein, dass der Planungsausschuss sich meinen Vorstellungen anschloss und dem Düsseldorfer Ingenieurbüro den Planungsauftrag entzog. „Da der Verlauf der Diskussion die Ausschussmitglieder von der unbedingten Notwendigkeit der Hochwasserpumpstation nicht überzeugen konnte", so die vorsichtig formulierte Niederschrift der Verwaltung, „beschloss der Planungsausschuss am 26. Februar 1985 einstimmig, das Siegburger Ingenieurbüro Spitzlei und Jossen zu beauftragen, Kriegers Konzept baureif zu entwickeln."

Etwa ein halbes Jahr später, genau am 26. September 1985, kam der Genehmigungsbescheid des STAWA im Siegburger Rathaus an. Er bestätigte: meine Lösung war wirklich die technisch einfachste und damit auch absolut wirtschaftlichste. Ich hatte den Siegburger Bürgern 5 Millionen DM, also ca. 2,5 Millionen € an Investitionskosten und jährlich 500.000 DM (ca. 250.000 €) an jährlichen Folgekosten ersparen können. Seit Fertigstellung des Pumpwerkes in der Kaldauer Siegaue im Jahre 1987 bis heute, dem Jahre 2012, in dem ich diese Zeilen veröffentliche, macht das ca. 3,75 Millionen € aus, eine sicherlich nicht unbeträchtliche Summe.

Nachdem wir die sachliche Darstellung des Baues des Pumpwerkes Kaldauen erfahren haben, müssen wir uns noch die Frage stellen, wie es zu dieser skandalösen Planung und Genehmigung dieses Bauvorhabens kommen konnte. Wieso kommt ein renommiertes Ingenieurbüro dazu, eine solch übertreuerte Planung zu erstellen, wieso kommt die staatliche Prüf- und Genehmigungsbehörde dazu, ein solches Vorhaben offiziell zu genehmigen?

Objektiv haben wir es hier mit der Verschleuderung und Veruntreuung von öffentlichen Geldern in Millionenhöhe zu tun. Jeder der Beteiligten hätte eigentlich wissen können und wissen müssen, dass es sich hier um eine unsinnige Planung handelte. Ganz sicher hätten es die planenden Ingenieure wissen müssen. Aber welchen Grund hatten sie dann, dennoch eine unsinnige und übertreuerte Planung vorzulegen? Warum wollten sie, bildlich gesprochen, die Badewanne auspumpen, wenn man sie doch viel einfacher entleeren kann, indem man den Stöpsel zieht und das Wasser nach unten herausfließen lässt. Dazu muss man wissen, dass sich das Honorar für Planungskosten nach der Höhe der Bausumme richtet. Je höher die Bausumme, desto höher das Honorar. Also geht manches planende Ingenieurbüro hin und verteuert die Bausumme so sehr, wie es geht, um eben ein möglichst hohes Honorar zu erhalten. Und wie im vorliegenden Falle ersichtlich, gehen einige

Das gebaute unterirdische Pumpwerk

Büros davon aus, dass ihre Planung nicht mehr überprüft wird und dass sich auch sonst in den Verwaltungen niemand die Mühe macht, eine solche Planung grundsätzlich in Frage zu stellen. Was ein renommiertes Büro erbracht hat, ist eben richtig, und es wird als Zeitverschwendung angesehen, sich damit noch einmal zu beschäftigen. Und dass ein einfaches Ratsmitglied einen komplexen Sachverhalt einmal grundsätzlich hinterfragt, damit braucht man wohl nicht zu rechnen! Wo doch viele Verwaltungen der Ansicht sind, Ratsmitglieder sind grundsätzlich dumm, haben keine Ahnung und stören höchstens die Vorgänge in einer Administration.

Ich weiß schließlich, wovon ich spreche, ich weiß, wie viele Schwierigkeiten mir damals in der eigenen Verwaltung gemacht wurden, als ich mich anschickte, die Sache aufzuklären. Und ich weiß schließlich auch deshalb, wovon ich spreche, weil ich ja viele Jahre später mit Hilfe der Wähler selbst zum Chef der Verwaltung aufsteigen durfte.

Die gesamte Angelegenheit ist im Übrigen von niemandem jemals hinterfragt worden. Und dabei wäre sie doch eigentlich eine Sache für die Staatsanwaltschaft gewesen. Schließlich ging es doch um einen Millionenschaden für eine Stadt, unsere Stadt Siegburg. Nein, alle haben den Kopf in den Sand gesteckt, haben peinlich berührt weggeschaut. Ich glaube nicht einmal, dass sich die Beteiligten und Verantwortlichen auch nur ein bisschen geschämt haben.

Ich selbst habe viel bei den Umständen um das Hochwasserpumpwerk Kaldauen gelernt:

Es lohnt sich, wenn man in einem schwierigen Prozess bis zum Ende durchhält.

Es lohnt sich, wenn man sich auch von Höherstehenden, Besserwissern und Mächtigeren nicht einschüchtern lässt.

Es lohnt sich, gerade in der Politik, wenn man Freunde hat, die zu einem stehen, in einer Sachfrage, auch wenn eine Kampagne gegen einen geführt wird, bei der man von allen Seiten ins Unrecht gesetzt werden soll.

Es lohnt sich, jedes Gutachten, jede Planung zunächst einmal in Frage zu stellen. Sie könnten Fehler enthalten, weil die Ersteller nicht gut genug gearbeitet haben, weil sie nicht alle relevanten Dinge berücksichtigt haben oder weil sie zu sehr das schnelle Geld im Auge haben.

Blick über die Wolsberge über Kaldauen

Kaldauer Feld, Blick auf Wolsberge

DIE ANSIEDLUNG DER FIRMA DOHLE

Eines Mittags, ich war damals noch ehrenamtlicher Bürgermeister, es war so gegen 12.20 Uhr, ich erinnere mich noch ganz genau, klingelte das Telefon. Ein Herr Dohle sei am Apparat und wolle mich unbedingt sprechen. Da ich ahnte, um welchen Herrn Dohle es sich handelte, ließ ich mich sofort verbinden. Herr Dohle sagte mir, er benötige unbedingt einen Termin, da er mich umgehend sprechen müsse. Ich sagte ihm, dass er um 14 Uhr bei mir im Büro sein könne, da ich einen anderen Termin für ihn verlegen würde. Pünktlich um 14 Uhr saß Herr Dohle vor mir. Ich wusste, dass seine Firma in einer Nachbargemeinde ansässig war. Und darum ging es auch. Herr Dohle war nicht gut auf diese Gemeinde zu sprechen. Dort bringe man seinen Anliegen keinerlei Verständnis entgegen und er fühle sich schlecht behandelt. Er würde in dieser Gemeinde eine Menge Gewerbesteuer zahlen, da sei es doch das mindeste, dass man ihn anständig behandeln würde. Herr Dohle sagte mir, er wolle aus dieser Gemeinde weg, ob Siegburg nicht eine geeignete Liegenschaft für ihn habe.

Mir fiel sofort das leer stehende Walterscheid-Gebäude an der Alten Lohmarer Straße ein, nach dem ich mich vorher auch schon eingehend wegen der Ansiedlung einer anderen Firma, der damaligen Firma Software Union, heute Thales, erkundigt hatte. Ich brachte also Herrn Dohle dieses seit längerer Zeit leer stehende Verwaltungsgebäude nahe und pries es ihm wärmstens an. Herr Dohle sagte, dass er dieses Gebäude auch schon in Augenschein genommen habe und es für sehr geeignet halte, die Hauptverwaltung seiner Firma dorthin umzusiedeln.

Da die Angelegenheit nun sehr interessant für die Stadt Siegburg zu werden schien, bat ich Herrn Dohle um Verständnis, jetzt den Stadtdirektor zu den Gesprächen hinzuziehen zu wollen. Damals gab es in Nordrhein-Westfalen noch die Doppelspitze, das heißt, ehrenamtlicher Bürgermeister und hauptberuflicher Stadtdirektor führten eine Gemeinde gemeinsam. Ich ging also zum Büro des Stadtdirektors, erklärte ihm die Situation und bat ihn, zu dem Gespräch hinzuzukommen.

Herr Dohle erläuterte noch einmal sein Anliegen und bestätigte, dass er sehr daran interessiert sei, in Siegburg seinen neuen Firmensitz zu nehmen. Das Walterscheid-Gebäude sei sehr geeignet, seine Hauptverwaltung aufzunehmen. Allerdings sei es üblich, dass, wenn eine Firma seiner Bedeutung und seiner Größenordnung in eine neue Stadt käme, diese ihn ein klein wenig beim Umzug unterstütze. In diesem Moment war mir klar, welche Bedeutung es für Siegburg hätte, wenn ein Unternehmen wie die Firma Dohle nach Siegburg ziehen würde. Konkrete Zahlen zur Gewerbesteuerleistung dieser Firma kannte ich natürlich nicht; mir war aber klar, dass diese erheblich sein würden und unsere Haushaltssituation sich hierdurch deutlich verbessern würde, von der Ansiedlung von vielen Arbeitsplätzen etc. einmal ganz zu schweigen. Vor diesem Hintergrund sagte ich Herrn Dohle zu, mich für eine Unterstützung für die Ansiedlung seiner Firma in unserer Stadt stark machen zu wollen.

Plötzlich fiel mir der Stadtdirektor ins Wort: „Herr Krieger, ich mache einen solchen Deal nicht mit, Herr Krieger, ich warne Sie." Daraufhin erhob sich Herr Dohle und sagte: „Herr Stadtdirektor, dann bin ich wohl in ihrer Stadt unerwünscht", und er machte Anstalten, mein Büro zu verlassen. Blitzschnell hatte ich mich erhoben, um Herrn Dohle wieder in seinen Sessel zu drücken. Dabei sagte ich ihm, dass ich ihm persönlich eventuell benötigte Hilfe bei der Umsiedlung seiner Firma garantieren würde. Und von neuem wiederholte der Stadtdirektor: „Herr Krieger, ich warne Sie." Ich weiß bis heute nicht, welche Bedenken er hatte. Befürchtete er rechtliche Probleme, wollte er seinem Kollegen aus der Nachbargemeinde nicht in die Parade fahren? Jedenfalls: Ich bat dann den Stadtdirektor, Herrn Dohle und mich zu verlassen, damit wir in Ruhe weiter verhandeln könnten. Ich bestätigte Herrn Dohle noch einmal meine Bereitschaft, mich für eine Unterstützung für seinen Umzug nach Siegburg einzusetzen. Herr Dohle sicherte mir unter dieser Voraussetzung mit Handschlag zu, seine Firma nach Siegburg zu verlagern.

Der Beitrag der Stadt zur Firmenansiedlung der Dohle KG in Siegburg bestand schließlich darin, einen Parkplatz auszubauen, der sich an der „Alten Lohmarer Straße" befindet. Dieser Parkplatz kann am Wochenende und in den Abendstunden von den Ausflüglern in den Lohmarer Wald, den Joggern und Spaziergängern genutzt werden. Es handelt sich damit um eine gute und sinnvolle Investition in die allgemeine Infrastruktur der Stadt, die von allen Bürgern genutzt werden kann.

Durch mein beherztes, sicherlich etwas unkonventionelles Auftreten bei einer wichtigen Verhandlung habe ich es also erreicht, dass sich eine Firma europäischer Größenordnung in Siegburg angesiedelt hat. Immerhin macht die Firma Dohle KG einen Umsatz von mehreren Milliarden Euro pro Jahr, und sie bietet in Siegburg ca. 300 hervorragende Arbeitsplätze.

Die Höhe der Gewerbesteuer unterliegt verständlicherweise der Geheimhaltung. Ich kann daher hier nur „verraten", was ohnehin allgemein bekannt ist, dass nämlich die Gewerbesteuerzahlungen beträchtlich waren und sind.

Ich glaube, dass meine Entscheidung, Herrn Dohle in unserem ersten Gespräch die Unterstützung der Stadt Siegburg zuzusagen, den Grundstein dafür gelegt hat, dass Herr Dohle und ich sofort einen guten Draht hatten. Wäre unser Gespräch nicht so verlaufen, wäre die Dohle KG vielleicht nicht nach Siegburg gekommen, dann hätte sich die Stadt allein aus diesem Grunde nicht so gut entwickeln können, wie sie es getan hat. Herr Dohle hat mir mehrere Male bekundet, wie sehr er mich wegen meines unbürokratischen Auftretens schätze und dass er mich bei meiner Amtsführung, wo er nur könne, unterstütze.

Das Verwaltungsgebäude der Dohle KG an der Alten Lohmarer Straße

So war Herr Dohle sofort bereit, auf meine Bitte hin den städtischen Anteil von über DM 20.000,- pro Jahr, eine freiwillige Ausgabe, die wir aus Haushaltsgründen damals nicht hätten ausweisen können, für die Einstellung eines Streetworkers für die Betreuung der Obdachlosen in unserer Stadt zu übernehmen. Viele Jahre lang konnten wir so viele Hilfsbedürftige betreuen. Wir haben so auf unbürokratische Art und Weise vielen Menschen in unserer Stadt helfen können, ohne dies an die große Glocke zu hängen. In den letzten Jahren hat diese segensreiche Aufgabe der SKM mit seinem langjährigen ehrenamtlichen Geschäftsführer Clemens Bruch übernommen.

Blick von der Abtei Richtung Alte Lohmarer Straße

DIE ANSIEDLUNG DES OBI-MARKTES

Als im Sommer des Jahres 1999 der Haushalt für das nächste Jahr aufgestellt werden musste, war uns schon bald klar, dass wir im nächsten Jahr den Haushalt nicht ausgleichen konnten. Und als ich im November dieses Jahres den neuen Etat im Rat einbrachte, musste ich ihn mit einem Defizit von über sieben Millionen DM vorlegen. Das war ein gewaltiges Minus. Nur ganz wenige Eingeweihte wussten jedoch, dass bei gutem Verhandlungsgeschick und etwas Glück der Haushaltsausgleich für das kommende Jahr noch zu erreichen war. Ich musste nur ein Grundstück verkaufen, das Grundstück der alten Siegburger Kläranlage. Diese Liegenschaft lag seit dem Neubau der Kläranlage zusammen mit der Stadt Sankt Augustin auf deren Gebiet fast unbenutzt da. Die ehemaligen Klärbecken waren zu einer Rückhalteanlage für Regenwasser umgenutzt worden, damit das so vorgereinigte Regenwasser aus den Stadtteilen Brückberg und Nordstadt in die Sieg abgeschlagen werden konnte. Auf diesem ca. 20.000 m² großen Gelände lagerten in einem kleinen Bereich die Grünabfälle des Baubetriebsamtes. Nach Auskunft der Fachverwaltung war die Liegenschaft wegen der eingelagerten Klärschlämme nicht nutzbar. Auch diesmal war ich nicht bereit, das Urteil der Fachverwaltung anzuerkennen und mir zu eigen zu machen.

Ganz im Gegenteil: Ich bot dieses Grundstück für teures Geld der Firma OBI an, die unbedingt in Siegburg einen neuen Baumarkt errichten wollte. Als wir der Firma zusicherten, die Anbindung an dieses Gelände mit einer neuen Straße zu verbessern, biss sie an, und bezahlte uns letztendlich den von mir geforderten Betrag von 500 DM pro Quadratmeter, also insgesamt 10 Millionen DM. Mit diesen 10 Millionen hatte ich nicht nur meinen Haushaltsausgleich für das kommende Jahr erreicht, sondern wir konnten auch eine neue Anbindung an die Firma und damit eine Entlastungsstraße für die gesamte Stadt bauen. Wie gut, dass ich wieder einmal nicht auf die sogenannten Fachleute gehört und meine eigenen Vorstellungen realisiert hatte.

Der OBI-Markt an der Isaac-Bürger-Straße

DIE ANSIEDLUNG DER SOFTWARE UNION, HEUTE THALES

1992 erfuhr ich, dass die in Troisdorf ansässige Firma Software Union sich stark vergrößern wollte und ca. 2500 Quadratmeter Bürofläche in der Region suchte. Umgehend nahm ich Kontakte zu dieser Firma auf. Ich schlug ihr vor, auf dem Seidenberg in Siegburg, relativ nahe an einer Autobahnzufahrt gelegen, ein neues Betriebsgebäude zu errichten. Die damalige Geschäftsführerin der Firma, die in Köln wohnte, verlangte eine kurzfristige Lösung der räumlichen Probleme. Sie teilte mir mit, innerhalb von ca. drei Monaten die 2500 m² Bürofläche finden zu müssen. Dies schien jedoch unmöglich zu sein, da in der gesamten Region, einschließlich der Stadt Bonn, kein leeres Bürogebäude mit einer solch großen Fläche zur Verfügung stand. Daher setzte die Dame auf den Standort Köln, wo sie ja auch wohnte und der ihr aus diesem Grunde alleine schon wesentlich eher zusagte. Die zahlreichen Angestellten wollten dagegen verständlicherweise in Troisdorf oder in der näheren Umgebung bleiben.

Diese damals aufstrebende Firma mit einem großen Gewerbesteuerpotenzial war eine Chance für jede Stadt, und ich fand mich daher noch nicht damit ab, dass die Firma nicht doch in unserem Gemeindegebiet unterzubringen wäre. Aber wie 2500 Quadratmeter Bürofläche innerhalb von drei Monaten erstellen? Ich hatte eine rettende Idee: Schulen und Wohnhäuser werden in Containerbauweise erstellt, warum sollte dies nicht auch für ein großes Bürohaus möglich sein? Sofort ließ ich meine fähigsten Leute im Internet nach Bürocontainern suchen. Glück soll ja nach dem Sprichwort nur der Tüchtige haben! Wir müssen mehr als nur Tüchtige gewesen sein. In Brühl, fast einer Nachbarstadt, wurde gerade das Verwaltungsgebäude von Rheinbraun, das als großer Bürocontainer errichtet worden war, abgerissen und für eine Wiederverwertung auf dem Markt angeboten. Schon am nächsten Tag fuhr ich nach Brühl und schaute mir das schon weitgehend niedergelegte Gebäude an. Es passte von Größe und Ausstattung recht genau an die gestellten Ansprüche. Mit der von Rheinbraun beauftragten Vermarktungsfirma einigte ich mich bald auf einen akzeptablen Preis für die schlüsselfertige Errichtung dieses Gebäudes in Siegburg. Der Preis lag bei ca. 1,5 Millionen DM, ein Spottpreis für 2500 Quadratmeter gut eingerichteten Büroraum. Mit diesen Erkenntnissen ausgestattet, rief ich die Geschäftsführerin der Software Union wieder an und teilte ihr mit, dass ich innerhalb von drei Monaten über das von ihr geforderte Betriebsgebäude verfügen würde. Sie wollte es mir natürlich nicht glauben. Erst als ich ihr zur Sicherheit eine hohe Wette anbot, wurde sie zugänglicher und wir machten ein erneutes Treffen aus, um die Einzelheiten zu besprechen.

Soweit, so gut! Ich konnte zwar jetzt ein Gebäude mit 2500 Quadratmetern Bürofläche errichten, auch innerhalb von drei Monaten, aber ich hatte noch kein Grundstück, auf dem wir das Bauwerk platzieren konnten. Da das Gebäude zweigeschossig war, betrug die Grundfläche schon alleine ca. 1500 Quadratmeter, dazu mussten noch die entsprechenden Parkplätze gerechnet werden. Wo gab es in Siegburg, gut integriert, eine Freifläche mit mindestens 2500 Quadratmetern Größe, die sofort bebaut werden konnte. Ich fand diese Fläche auf dem Deichhaus an der Frankfurter Straße, mitten im bebauten Umfeld. Es war eine Wiese, die zum Betriebsvermögen des Siegwerkes gehörte und deshalb nicht bebaut, aber sofort bebaubar war.

Alsbald nahm ich Kontakt mit dem Eigentümer des Siegwerkes, dem Ehrenbürger der Stadt Siegburg, Hans Alfred Keller, auf und machte ihn mit der schwierigen Situation vertraut. Und natürlich half er mir und der Stadt Siegburg. Eine solche aufstrebende Firma, wie die Software Union, in unserer Stadt anzusiedeln, eine solche Chance konnte man sich nicht entgehen lassen. Wir wurden uns schnell über die Pacht für das bisher ungenutzte Grundstück einig, und somit stand von unserer Seite aus einer Ansiedlung der neuen Firma nichts mehr im Wege. Auch die Software Union machte mit. Sie unterschrieb einen mehrjährigen Mietvertrag, bis sie in das von ihr langfristig angemietete, aber noch neu zu errichtende Bürogebäude auf dem Seidenberg in Siegburg umziehen konnte.

An das Bürogebäude in der Frankfurter Straße, dem man von außen die Containerbauweise nicht ansieht, konnten sich die Siegburgerinnen und Siegburger allerdings zunächst nur schwer gewöhnen. Es

Der Bürocontainer an der Frankfurter Straße

hat nämlich eine Besonderheit, die man sonst nur in südlichen Ländern antrifft. Jedes Büro ist mit einer separaten Klimaanlage ausgestattet, deren Aggregate an den Außenwänden angebracht sind. In den Mittelmeerländern ist diese Bauweise gang und gäbe, in unserer Region ist dieses Gebäude auch aus diesem Grunde einmalig.

Für die Stadt Siegburg war der kurzfristige Bau dieses Bürocontainers nicht nur wegen der Ansiedlung der Software Union ein großer Erfolg, sondern auch wegen der Folgenutzungen. Als die Kreispolizeibehörde, die zufälligerweise auch an der Frankfurter Straße in vielleicht 500 m Entfernung angesiedelt ist, neu gebaut werden musste, lag es nahe, dass die Polizeibeamten und -angestellten in das frei werdende Bürogebäude umzogen. Danach zog das von der Stadt Siegburg neugegründete Jugendamt für einige Jahre in dieses Gebäude ein, bis auch für diese Institution ein neues Haus in der Nähe des Rathauses in der Innenstadt errichtet worden war. Danach war die Stadt Siegburg froh, geeignete Büroflächen für die neu gebildete Arge, die Abkürzung für Arbeitsgemeinschaft, die frühere Arbeitsagentur, bzw. Agentur für Arbeit, zur Verfügung stellen zu können. Inzwischen hat sich das Gebäude, welches im Eigentum der städtischen Stadtentwicklungsgesellschaft steht, auch in finanzieller Hinsicht mehr als bezahlt gemacht.

Auch bei der Geschichte der Ansiedlung der Software Union in Siegburg könnte man wirklich zu dem Ergebnis kommen: Es gibt nichts, was unmöglich ist!

Thales auf dem Stallberg

DIE SEGENSREICHE ARBEIT DES KINDERGARTEN-FÖRDERVEREINS FÜR DIE STADT SIEGBURG

Schon immer wussten wir in der Siegburger CDU, wie wichtig es für die Kinder ist, solange wie möglich vor dem Schuleintritt einen Kindergarten zu besuchen, damit sie möglichst früh sicheres Sprach- und Sozialverhalten erlernen können. Dazu aber mussten Kindergärten ausgebaut und erweitert werden, damit auch Kinder ab dem dritten Lebensjahr in diese aufgenommen werden konnten.

Soweit so gut. Nur fehlte leider Geld, um diese gute Absicht und Erkenntnis bestmöglichst in die Tat umzusetzen. Für unsere Kleinsten mussten wir kreativ werden, um zusätzliches Geld, das im städtischen Haushalt nicht zur Verfügung stand, irgendwie aufzutreiben. Um wirklich helfen zu können, benötigten wir noch mindestens eine Million DM.

Der Energiegigant RWE warb zu dieser Zeit mit Zuschüssen an die Städte und Gemeinden, damit diese dringend notwendige energetische Sanierungen und Verbesserungen durchführen konnten. Da wir dies mit relativ geringen Beträgen selbst im Haushalt vorgesehen hatten, kamen wir auf die Idee, bei etwaigen Zuschüssen durch das RWE die für den Umweltbereich im städtischen Haushalt vorgesehenen Mittel dann für die Kindergärten zu verwenden.

Auch hier wollte ich versuchen, aufs Ganze zu gehen; derjenige der nicht wagt, kann nicht gewinnen! Ich rief den Vorstandsvorsitzenden der Rhenag Köln an, den ich durch meine Tätigkeit im Verwaltungsrat der Rhenag gut kannte, und fragte ihn, ob er mir nicht einen Termin beim Vorstandsvorsitzenden des RWE in Essen besorgen könne. Er sagte mir dies zu, wobei er mir zu verstehen gab, dass dies einige Wochen dauern könnte.

Zu dieser Zeit gab es noch die zweigeteilte Verwaltung mit dem Stadtdirektor für die administrativen und dem Bürgermeister für die repräsentativen Aufgaben. Unser Stadtdirektor hatte natürlich auch von dem Angebot des RWE gehört. Ohne mich zu informieren, hatte er sich ebenfalls an das RWE gewandt, um die angebotenen Mittel für die energetische Sanierung städtischer Gebäude zu erhalten. Dabei hatte er sich an den Direktor des RWE in Brühl gewandt, der für das Rheinland zuständigen Abteilung des RWE Deutschlands.

Freudestrahlend kam er eines Tages in mein Büro und berichtete mir stolz, dass er vom RWE 400.000 DM für die Stadt Siegburg zugesagt bekommen habe. Er konnte gar nicht verstehen, dass ich mich nicht mit ihm freute und dass ich mich erbost darüber zeigte, dass er seine Initiative nicht mit dem Bürgermeister abgesprochen hatte.

Nur wenige Tage später hatte ich meinen Termin bei der Hauptverwaltung des RWE Deutschlands in Essen. Ich muss schon zugeben, dass, als ich mich beim Pförtner für den Termin beim Vorstandsvorsitzenden anmeldete, mich ein „mulmiges" Gefühl befiel. War ich hier nicht zu weit gegangen, hatte ich diesmal nicht zu hoch gepokert? Was sollte ich dem Vorstandsvorsitzenden eines der größten deutschen Industriekonzerne überhaupt sagen? Ich wusste es jetzt auch noch nicht, aber ich hatte mir überlegt, eine Bitte über drei Millionen DM vorzutragen.

Mit dem Aufzug fuhr ich in die zehnte Etage des Hochhauses in der Innenstadt von Essen, hier residierte der Vorstandsvorsitzende, und ich meldete mich bei der Sekretärin an. Sie führte mich in einen mit dunklen Möbeln wie eine Bar ausgestatteten Vorraum. Dort wartete ich einen Augenblick; dann ging sie zu ihrem Chef und meldete mich an. Er kam sofort heraus, führte mich in sein riesiges Büro und stellte mir einen zweiten Herren vor, den stellvertretenden Vorstandsvorsitzenden und Justiziar des RWE. Dann bat er mich, mich zu setzen und fragte, was ich trinken möchte. Ich bestellte ein Glas Tee. Dies wurde mir wenig später von einem livrierten Kellner gebracht. So saß ich dann den beiden höchsten Herren des RWE Deutschlands gegenüber und sie baten mich, mein Anliegen vorzubringen.

Wie es meine Art ist, redete ich nicht lange um „den heißen Brei" herum. Ich teilte ihnen mit, dass ich für die Stadt Siegburg drei Millionen DM benötige, einmal, um für das Krankenhaus ein dringend benötigtes Blockheizkraftwerk anzuschaffen, Kosten ca. eine Million DM, dann aber noch zwei Millionen für die Stadt Siegburg, um dringend notwendige Investitionen zur Verbesserung der energetischen Struktur durchführen zu können. Ich teilte ihnen ganz offen mit, dass, wenn wir diese drei Millionen erhielten, wir dieses Geld dann zum Teil für andere Zwecke, nämlich für den unbedingt notwendigen Ausbau der Kindergärten verwenden könnten. Wenn das RWE uns dieses Geld zukommen ließe, so könnten die Verantwortlichen damit zweimal Gutes bewirken: einmal, direkt in ihrem Sinne, würde das Geld für Energieeinsparungen an städtischen Gebäuden genutzt, zum andern aber auch noch indirekt könnte das Geld für bedeutende soziale Belange der Gesellschaft eingesetzt werden. Ich hatte den Eindruck, dass diese Argumentation bei den beiden Herren auf fruchtbaren Boden fiel. Sie sagten nämlich nicht, das sei unmöglich, so werde das Geld zweckentfremdet, wie man es vielleicht hätte erwarten können. Ganz im Gegenteil ließen sie sich ausführlich über die Kindergartensituation in Siegburg berichten und fanden es ausgesprochen gut, dass wir möglichst schnell auch für die Dreijährigen Kindergartenplätze errichten wollten. Allerdings sagten sie, dass es unmöglich sei, dass die Stadt Siegburg eine so hohe Summe erhielte. Bisher habe noch keine Stadt, einschließlich der geförderten deutschen Großstädte, mehr als eine Million DM aus dem RWE-Fond erhalten. Vielleicht könnten sie einer Stadt wie Siegburg 500.000 bis 600.000 DM zugestehen. Ich sagte zwar nicht gerade, dass wir mit einer solchen Summe nichts anfangen könnten, aber ich gab mich einfach nicht damit zufrieden, sondern argumentierte weiter, dass wir nur mit drei Millionen unsere Kindergartenziele verwirklichen könnten und dass sie hier die einmalige Chance hätten, über ihre umweltpolitischen Ziele hinaus für die schwächsten Mitglieder der Gesellschaft, die Kinder, neue Perspektiven zu eröffnen. Bei der Stadt Siegburg könnten sie also in doppelter Hinsicht Gutes tun, im Gegensatz zu allen anderen Städten und Kommunen, die bisher auf sie zugekommen seien.

Nach gut einer Stunde verständigten sich die beiden Herren mit einem vielsagenden Blick, und der Vorstandsvorsitzende eröffnete mir, dass ich unter einer Voraussetzung ausnahmsweise die drei Millionen DM für die Stadt Siegburg erhielte. Ich müsse zusagen, dass diese Tatsache nirgendwo in die Öffentlichkeit käme, da das RWE und auch sie selbst sonst in größte Schwierigkeiten gerieten.

Natürlich gab ich diese Zusage, wobei mir dabei nicht bewusst war, wie schwierig es in der Zukunft sein würde, diese Zusage auch einzuhalten. Zunächst einmal durchströmte mich ein großes Glücksgefühl, dass ich es geschafft hatte, drei Millionen DM für die Stadt, für die städtische Umwelt und für die städtischen Kindergärten erkämpft zu haben. Ich bedankte mich natürlich überschwänglich bei den beiden Herren für ihre großzügige Zusage, ja ihr großherziges Geschenk. Wir legten dann noch kurz das Prozedere fest, wie und in welchen Chargen das Geld an die Stadt Siegburg ausgezahlt werden konnte. Dann verabschiedete ich mich und wollte mit dem Aufzug wieder hinunterfahren. Wie verwundert war ich, als mich der Vorstandsvorsitzende nicht nur zum Aufzug begleitete, sondern mit mir in den Aufzug stieg und mich erst unten an der Außentür des Gebäudes verabschiedete. Eine solche Geste der Höflichkeit hatte ich nicht erwartet. Ich habe daraus für mich persönlich eine Lehre gezogen: Seit diesem Tage habe ich alle Besucher in meinem Büro nicht nur an der Türe verabschiedet, sondern sie zum Ausgang des Rathauses begleitet.

Wieder in Siegburg angekommen, informierte ich über den unverhofft zu erwartenden Geldsegen nur Jürgen Becker, Franz Huhn, den Kämmerer und den Stadtdirektor; letzteren natürlich nicht ohne das Gefühl eines gewissen Stolzes, hatte ich doch 2,6 Millionen DM mehr „loseisen" können als er. Natürlich mussten auch sie mir zusagen, dass nirgendwo in der Öffentlichkeit erscheinen durfte, woher das Geld stammte. Jeder der vier sah sofort ein, dass das von mir gegebene Wort an die Vorstandsvorsitzenden des RWE gehalten werden musste, denn wäre etwas von der Höhe des Geldsegens an die Öffentlichkeit gelangt, hätte das nicht nur große Schwierigkeiten für die Konzernlenker des RWE bedeutet, sondern die Überweisung des Geldes an die Stadt Siegburg wäre dann mit Sicherheit nicht erfolgt.

Auf der anderen Seite gibt es das Haushaltsrecht der Kommunen und nach diesem Recht hat der Rat von allen Einnahmen einer Gemeinde Kenntnis zu erhalten, hat über alle Ausgaben zu bestimmen und dies in öffentlicher Sitzung, d.h. also in aller Öffentlichkeit.

Man muss sich die Problematik genau vorstellen: man kann viel Geld für seine Stadt erhalten, auf absolut legale Art und Weise, aber wegen der Höhe der Geldsumme darf diese nicht öffentlich werden. In jedem Falle musste man die Summe stückeln. So schrieb ich umgehend einen Brief an die zuständige Stelle des RWE, man möge doch bitte einen Betrag von einer Million DM an das städtische Krankenhaus überweisen, damit diese städtische Institution ein Blockheizkraftwerk erstellen könne, mit der eine ca. 50 prozentige Energieersparnis erreicht werden könnte. Und die Geschäftsführung des Krankenhauses erhielt nach relativ kurzer Zeit einen Zuwendungsbescheid des RWE zur Errichtung eines Blockheizkraftwerks in Höhe von einer Million DM.

Wir hatten allerdings vorher mit der Geschäftsführung des Krankenhauses eine Abrede getroffen, dass für diese geschenkte Investitionssumme das Krankenhaus dem neu gebildeten Kindergartenförderverein jährlich eine Summe von 100.000 DM überweisen würde, damit dieser Förderverein neue, dringend in Siegburg benötigte Kindergartenplätze errichten konnte. Die ca. 1000 Angestellten des Krankenhauses erhielten dann das Recht, ihre Kinder bevorrechtigt in alle vom Förderverein bezuschussten Kindergärten anzumelden. Damit entfiel die Notwendigkeit eines eigenen Betriebskindergartens für das Krankenhaus, der damals eingefordert wurde. Dieser Vertrag zwischen dem Krankenhaus und dem Kindergartenförderverein wurde meiner Erinnerung nach einstimmig vom Aufsichtsrat des Krankenhauses, in dem neben den unterschiedlichsten Fachleuten auch Vertreter jeder Fraktion einen Sitz hatten, beschlossen. Zum Vorsitzenden des Kindergartenfördervereins, eines eingetragenen gemeinnützigen Vereins, der rechtlich nichts mit der Stadt zu tun hatte und daher auch finanziell nicht von ihr abhängig war, wählte der Vorstand den damaligen Vorsitzenden des städtischen Kulturausschusses, Franz Huhn.

Über diesen „kleinen Umweg" war es uns gelungen, das Krankenhaus und die städtische Kindergartenlandschaft sinnvoll und tatkräftig zu unterstützen, ohne dass es die Stadt Siegburg einen Pfennig kostete. Und die erste Million der zugesagten drei Millionen DM war im doppelten Sinne gut angelegt, ohne dass über die Herkunft des Geldes irgendetwas in die Öffentlichkeit gelangt wäre.

Die anderen zwei Millionen DM vom RWE wurden nach und nach über mehrere Jahre verteilt von der Stadt abgerufen und für energiesparende Investitionsmaßnahmen eingesetzt, hauptsächlich für die Erneuerung der alten zugigen Fenster an fast allen Schulen der Stadt. Da die Zuschüsse immer mit den einzelnen Maßnahmen verbunden waren, fiel ihre Gesamthöhe niemandem auf. So konnte ich mein Versprechen gegenüber dem RWE halten.

DIE RETTUNG DES SIEGBURGER KRANKENHAUSES

Nein, die neue Siegburger Herzchirurgie wird endgültig nicht anerkannt. Sie wird definitiv nicht in den Krankenhausbedarfsplan aufgenommen, d.h. es dürfen keine Leistungen an Kassenpatienten erbracht und abgerechnet werden!

Da die Erlöse aus Operationen für Privatpatienten insgesamt in Deutschland drastisch sanken, war die Rentabilität der Herzchirurgie dahin. Auch die Verpachtung oder der Verkauf an private Krankenhausträger war aussichtslos geworden. Damit starb auch die letzte Hoffnung, das Siegburger Krankenhaus finanziell zu retten. Der Konkurs stand fest, das Ende des Siegburger Krankenhauses schien besiegelt!

Die Landesregierung hatte sich wieder durchgesetzt, ihr verbissener Kampf gegen die neue Siegburger Herzchirurgie war, so schien es, wohl endgültig von Erfolg gekrönt. Ca. 1000 Arbeitsplätze vernichtet und, dank des Konkurses, auch der finanzielle Kollaps der Stadt Siegburg für die nächsten Jahrzehnte besiegelt.

Wir waren niedergeschlagen, wir waren am Boden zerstört, als wir die Nachricht erhielten; alles Bitten, Betteln, alle Proteste waren umsonst gewesen.

Zur Vorgeschichte:
Das in den 60er Jahren erbaute städtische Krankenhaus hatte in den 70er Jahren öfters Verluste – in heutigen Dimensionen nicht dramatisch – aber für damalige Verhältnisse doch bemerkenswert. Politischer Streit darüber war unausbleiblich. Einvernehmliche Konsequenz des Stadtrates war, das Krankenhaus von einem städtischen Eigenbetrieb in eine privatrechtlich organisierte GmbH mit dem Alleingesellschafter Stadt umzuwandeln. Und in der Tat erwirtschaftete das Krankenhaus in dieser neuen Rechtsform ab 1981 regelmäßig schwarze Zahlen. Alles lief gut. Erst im Laufe der 90er Jahre, als die explosive Kostenentwicklung im gesamten deutschen Gesundheitswesen Einsparungen auch bei den Krankenhäusern erzwang, die insbesondere kleinere kommunale Häuser bedrohte, zeichneten sich immense Verluste für die kommenden Jahre ab.

Der Aufsichtsrat des Krankenhauses entwickelte eine Gegenstrategie. Wohlgemerkt! In diesem Aufsichtsrat saßen nicht die Spitzenpolitiker der Parteien; er war bewusst „unpolitisch" gebildet worden, und die Rathausfraktionen hatten Fachleute entsandt: Ein Arzt, zwei Rechtsanwälte, ein Notar, zwei erfahrene ehemalige Mitarbeiter von Krankenkassen und zwei gestandene Männer aus Wohlfahrtsverbänden waren in diesem Gremium vertreten.

Dieser Aufsichtsrat, Krankenhausgeschäftsführung und leitende Ärzte hatten die Vorstellung, einerseits aus medizinisch-fachlichen Gründen (dazu noch später), andererseits zur Verbesserung der Einnahmesituation neben der großen Kardiologie-Abteilung eine Kardiochirurgie aufzubauen. Nur das von den Grünen entsandte Fachmitglied war dagegen; alle anderen Fachleute stimmten zu.

Doch das SPD-geführte Gesundheitsministerium bei der Düsseldorfer Landesregierung stimmte der Aufnahme in den Krankenhausbedarfsplan nicht zu. Es leugnete den Bedarf. In der Tat gab es landesweit Bedenken, neue kostentreibende Plätze anzuerkennen. Und das Ministerium wollte die restlichen herzchirurgischen Betten lieber einer bestimmten Stelle in Köln zuweisen. Mehr will ich dazu auch heute noch nicht sagen.

Die Funktionsträger im Krankenhaus fassten dann den Gedanken, die Herzchirurgie zunächst einmal ausschließlich privat zu errichten und den öffentlichen Druck auf Düsseldorf zu erhöhen. Diese Kalkulation ging schief: Der Bau kostete viel Geld, er wurde teurer durch plötzlich verschärfte Brandschutzbestimmungen nach dem Großbrand am Düsseldorfer Flughafen und wurde aufwändiger durch zusätzliche Sanierungsmaßnahmen am Altbau. Das Krankenhaus geriet in finanzielle Schieflage, der Stadtrat beschloss Bürgschaften, um die Insolvenz abzuwenden; aber in Düsseldorf blieb das Gesundheitsministerium hart.

Als dann der scheinbar definitiv letzte negative Bescheid erging, war die Not groß.

Ich sagte zu meinem Persönlichen Referenten, meinem Beigeordneten und Freund, Klaus Pipke, dem heutigen Bürgermeister der Nachbarstadt Hennef: „Wenn wir in den vergangenen Jahren etwas für die Stadt Siegburg haben tun können, so ist das nichts im Vergleich zu der Aufgabe, die jetzt vor uns liegt. Auch wenn es als aussichtslos erscheint, so müssen wir dennoch alles unternehmen, das Siegburger Krankenhaus und damit die Stadt Siegburg selbst zu retten. Das ist die größte Aufgabe, die wir bisher vor uns hatten. Wir werden einmal daran gemessen werden, ob uns die Lösung dieser Aufgabe gelungen ist. Auch wenn es im Augenblick aussichtslos erscheint, wir müssen und werden eine Lösung finden".

Körperlich und seelisch niedergeschlagen, setzten wir uns jede freie Minute zusammen, um irgendeinen Rettungsanker zu finden. Wir, das waren, Klaus Pipke, Jürgen Becker, Franz Huhn und ich. Gott sei Dank hatten wir auch noch unsere tägliche Arbeit zu erledigen. Sonst wären wir möglicherweise unserer Verzweiflung erlegen. Es war Dr. Gert Fischer, unser erster Beigeordneter, dem schließlich der rettende Gedanke einfiel, dass Wolfgang Overath, unser Freund und späterer Ehrenbürger der Stadt Siegburg, einen der wichtigsten Leute im Gesundheitswesen persönlich sehr gut kannte. Wolfgang Overath mussten wir ansprechen, damit er diesen Mann kontaktierte, um herauszufinden, was wir in dieser schlimmen Situation noch unternehmen konnten.

Also rief ich meinen Freund Wolfgang Overath an und erläuterte ihm unsere Situation. Spontan sagte Wolfgang Overath zu, seinen Bekannten zu kontaktieren, mit ihm so schnell wie möglich einen Termin zu vereinbaren, um dann mit mir zusammen seinen Freund aufzusuchen.

Die Dramatik des Zusammentreffens, das schon nach wenigen Tagen bereits stattfinden konnte, ist mit Worten kaum wiederzugeben. Wir erläuterten, so präzise wie möglich, unsere aussichtslos erscheinende Situation und baten den Bekannten von Wolfgang Overath, uns zu helfen. Seine kurze Antwort war: „Ich kann euch unmöglich helfen, denn ich habe in der Gesundheitspolitik des Landes Nordrhein-Westfalen auch die Meinung vertreten, dass das Land in keinem Falle einer weiteren Herzchirurgie zustimmen dürfe." Wolfgang beschwor ihn, doch zu erkennen, dass diese seine Meinung falsch sei, wie wir ihm ausführlich dargelegt hatten. Auch, selbst wenn er unseren Ausführungen logisch folgen könne, sei es ihm unmöglich, seine bisherige Argumentation zu widerrufen und das Gegenteil dessen zu behaupten, was er bisher vertreten habe, war seine Antwort. Wir müssten Verständnis dafür aufbringen, da er sich ja sonst im gesamten Gesundheitsministerium und bei allen für die Gesundheitspolitik in Nordrhein-Westfalen Verantwortlichen lächerlich machen würde. Wolfgang Overath insistierte: Wenn er das, was wir ihm als Neues und Richtiges vorgebracht hätten, akzeptiere, dann müsse er als sein Freund auch in der Lage sein, das als richtig Erkannte zu unterstützen und das Falsche aus der Vergangenheit zu widerrufen. Das erwarte er von einem wirklichen Freund. Und da er zu erkennen gegeben habe, dass unsere Meinung die richtige sei, dass das Land die Herzchirurgie in Siegburg ausschließlich aus politischen, nicht aber aus sachlichen Gründen ablehne, sei er verpflichtet, uns mit seiner ganzen Kraft und allen seinen Möglichkeiten zu helfen, sonst könne er sein Freund nicht mehr sein. Er solle uns beiden seine Hand darauf geben, dass er unsere gerechte Sache in Zukunft mit vollem Herzen unterstütze.

Während des gesamten Gesprächs hatte sich keiner von uns hingesetzt. Vor allem Wolfgang und sein Bekannter waren, während sie aufeinander einredeten, meist von einer Ecke des Raumes zur anderen gegangen. Jetzt waren beide stehengeblieben. Mit großen Augen schauten sie sich fast ängstlich einander an. Dann schritt sein Freund auf Wolfgang zu, umarmte ihn und gab ihm die Hand. Dann kam er auf mich zu und drückte mir ebenfalls meine Hand. Wir hatten einen neuen mächtigen Verbündeten in unserem fast aussichtslosen Kampf gewonnen.

Unser neuer Verbündeter sagte uns als erstes zu, im Gesundheitsministerium NRW zu sondieren, wie es um die Anerkennung der Herzchirurgie in unserem Krankenhaus wirklich stünde. Schon nach wenigen Tagen war klar, dass aus diesem Ministerium nicht nur keine Hilfe zu erwarten war, sondern dass die Verantwortlichen die Herzchirurgie in Siegburg mit allen ihnen zur Verfügung stehenden Mitteln bekämpfen würden. Wir setzten uns in kleinem Kreis zusammen und überlegten, was wir jetzt noch tun könnten. Schon bald wurde klar, in dieser Situation konnte uns nur noch der höchste Repräsentant unseres Bundeslandes, der damalige Ministerpräsident Wolfgang Clement, helfen. Wie aber an den Ministerpräsidenten herankommen? Wie ihm die Sache plausibel erklären?

Wie ihn dazu bringen, gegen sein eigenes Ministerium vorzugehen und die Meinung der dort Verantwortlichen, einschließlich der damals tätigen Ministerin, ins Gegenteil zu verändern?

Wenn überhaupt, dann konnte nur unser guter Wolfgang ein solches Ziel erreichen. Gemeinsam überlegten wir, wann und wo Wolfgang Overath Ministerpräsident Wolfgang Clement am besten treffen konnte, wo es ein wenig Muße gab, dass Wolfgang ihm die Situation in Ruhe darlegen konnte.

Wolfgang Overath hat Wolfgang Clement dann mehrere Male getroffen. Sogar bei ihm zu Hause war er eingeladen. Und er gewann den Ministerpräsidenten für die Hilfe zugunsten des Siegburger Krankenhauses. Einmal, so erinnere ich mich, musste Wolfgang Overath einen wichtigen persönlichen Termin absagen, um den Ministerpräsidenten in Hamburg treffen zu können. Dies war notwendig geworden, weil das Ministerium kurzfristig, selbst gegen die Weisung des eigenen Ministerpräsidenten, dem Krankenhaus Siegburg den Todesstoß versetzen wollte. Uns war es egal, dass Wolfgang Clement die Rettung des Siegburger Krankenhauses einschließlich der Herzchirurgie im damaligen Landtagswahlkampf nutzte, dass er zusammen mit dem damaligen SPD-Landtagskandidaten Walter Biber nach Siegburg auf den Markt kam, um dort vor Hunderten von begeisterten Krankenhausmitarbeitern zu verkünden, dass das Krankenhaus nicht geschlossen werde und dass die Herzchirurgie die Zulassung auch für Kassenpatienten erhalten werde. Obwohl er bei diesem Wahlkampfauftritt natürlich auch heftig gegen die CDU und ihre Verantwortlichen polemisierte,

Ministerpräsident Clement erhält vom Bürgermeister eine Siegburger Schnelle

habe ich ihm als Repräsentant der Bevölkerung dennoch gerne aus Dankbarkeit für sein öffentliches Eintreten für das Krankenhaus eine wertvolle Siegburger Schnelle als Erinnerung an seinen Besuch in der Kreisstadt überreicht.

Das Siegburger Krankenhaus bekam tatsächlich – zunächst nur auf Umwegen – 30 herzchirurgische Betten. Damit konnte die Insolvenz abgewendet werden. Die großen privaten Krankenhausbetreiber, die alleine in der heutigen Zeit solche Häuser noch rentabel betreiben können, interessierten sich für Siegburg. Der Fresenius-Konzern pachtete das Haus von der Stadt Siegburg, gliederte es in seine Helios-Gesellschaft ein und kaufte es schließlich. Derzeit läuft die Totalsanierung mit einem Kostenaufwand von 40 Millionen €. Die Siegburger Bürgerinnen und Bürger haben eine ortsnahe, erstklassige und zukunftsfeste Krankenhausversorgung.

Das Siegburger Krankenhaus mit der Herzchirurgie

Die Humperdinckstraße mit dem Krankenhaus

DER POLITISCHE HINTERGRUND DER SCHWIERIGKEITEN DES SIEGBURGER KRANKENHAUSES

Einiges soll doch noch zu den politischen Hintergründen gesagt werden. Im Lande Nordrhein-Westfalen, das für die Krankenhausfinanzierung zuständig ist, hatten wir es in all den Jahren mit einer SPD-dominierten Landesregierung zu tun. Auch die Bezirksregierung in Köln war daher natürlich SPD-dominiert. An ihrer Spitze stand das Mitglied des SPD-Bundesvorstandes Dr. Franz-Josef Antwerpes. Dieser versuchte sich zwar nach außen einen jovialen Anstrich zu geben, was ihn umso gefährlicher machte, weil er im Inneren ein „fanatischer Roter" war. Zufälligerweise kannte Dr. Antwerpes das Siegburger Krankenhaus sehr gut. Sein behandelnder Arzt wurde in Siegburg Oberarzt der Inneren Abteilung. Ihn suchte er zu regelmäßigen Untersuchungen mehrmals im Jahre auf. Dabei lernte er auch den Chefarzt der neuen kardiologischen Abteilung, Professor Grube, kennen. Der soll ihm bei einer Herzuntersuchung das Leben gerettet haben und stand daher nicht zuletzt aus diesem Grund in seiner besonderen Gunst. In der Folge kam es – Zufall oder nicht – zu einer gewaltigen Aufstockung seiner kardiologischen Betten in Siegburg. Damit wurde Professor Grube nicht nur zum unumschränkten Star des Siegburger Krankenhauses, sondern auch zu dessen „Gold- oder Dukatenesel". Mit seinen 40 kardiologischen Betten kam er bald auf ca. 7000 Kathetereingriffe pro Jahr. Dabei entstand ein großes Problem: Da die Untersuchungen nicht risikolos waren, musste immer ein Notarztwagen bereitstehen, damit im Bedarfsfall der Patient mit Blaulicht in die Herzklinik nach Bonn oder Köln oder noch weiter weg gefahren werden konnte. Das war kein befriedigender Zustand, weil auch diese Fahrten natürlich noch mit einem Risiko behaftet waren. Also forderte Professor Grube folgerichtig am Siegburger Krankenhaus eine Herzchirurgie. Das waren die objektiven, medizinisch-fachlichen Beweggründe. Dem Krankenhausmanagement kam diese Forderung, wie geschildert, äußerst gelegen, sahen sie doch in einem Haus mit einer eigenen Herzchirurgie die Möglichkeit, die Siegburger Klinik wirtschaftlich zu stabilisieren. Sie gaben dem Vorhaben vor allem deshalb eine große Chance, weil die Notwendigkeit einer herzchirurgischen Betreuungsmöglichkeit nach einer kardiologischen Untersuchung von jedem eingesehen wird und daher eigentlich selbstverständlich ist. Als der Aufsichtsrat den folgenschweren Beschluss fasste, eine Herzchirurgie am Siegburger Krankenhaus zu bauen, war man fest davon überzeugt, dass die Landesregierung die neue Herzchirurgie anerkennen musste, da sie ja im Prinzip nur eine Folgeeinrichtung der genehmigten kardiologischen Klinik darstellte. Und sie vertrauten auf den Regierungspräsidenten, unter dessen Regie es ja auch zu 40 kardiologischen Betten von Professor Grube gekommen war.

Doch das Gegenteil von dem, was man erwartet hatte, trat ein. Der Regierungspräsident setzte sich nicht nur nicht für die Herzchirurgie ein, sondern er bekämpfte sie aktiv. Er tat alles, dass Siegburg keine Herzchirurgie bekam und unterstützte das Gesundheitsministerium in seiner ablehnenden Haltung.

Wie kam es zu diesem Sinneswandel beim „Kurfürsten von Köln"? Letztendlich lässt sich darüber nur spekulieren. Auch über die Bedeutung, dass nach Meinung des Ministeriums die herzchirurgischen Betten nach Köln sollten. Aber es gibt eine Version, die wahrscheinlich ist. Wie oben schon gesagt, wurde Antwerpes von vielen verkannt. Vor allem wurde verkannt, dass er auch immer durch und durch Parteipolitiker war.

In der entscheidenden Zeit standen damals Kommunalwahlen in Nordrhein-Westfalen an. Nur noch eine Stadt im südlichen Regierungsbezirk hatte eine CDU-Mehrheit, Siegburg. Alle Nachbarstädte – Bonn, Troisdorf, Sankt Augustin, Lohmar – waren in sozialdemokratischer Hand. Es musste doch gelingen, auch die letzte schwarze Bastion in ein SPD-Gefilde zu verwandeln. Der Hebel dazu war das Krankenhaus. Wenn das Krankenhaus geschlossen werden musste, 1000 Menschen ihre Arbeitsstelle kurz vor der Wahl verlören, dann würde in Siegburg die CDU bei den Wahlen einbrechen. Wir, die wir glaubten, ein Antwerpes wäre ein ehrlicher Mittler, fuhren noch zu ihm hin und erläuterten ihm erneut die gesamte Sachlage. Wir baten ihn inständig, uns in dieser schwierigen Situation zu helfen. Als wir in Siegburg zurück waren, mussten wir bald erfahren, dass er uns bei der Staatsanwaltschaft Bonn wegen Untreue, beziehungsweise Beihilfe zur Untreue, angezeigt hatte. Obwohl wir selbstverständlich alle Akten freiwillig zur Verfügung stellten, verzichtete die Staatsanwaltschaft Bonn nicht auf ein gewaltiges Medienspektakel. Für das Rathaus und das Krankenhaus wurde eine Hausdurchsuchung angeordnet. Noch bevor wir davon erfuhren, war das Fernsehen schon zur Stelle und hatte seine Kameras aufgebaut. Indem man versuchte, die Verantwortlichen für das Krankenhaus zu Kriminellen in der Öffentlichkeit zu stempeln, musste es doch gelingen, die anstehenden Wahlen zu beeinflussen.

Aber es kam ganz anders. Antwerpes' Plan ging gründlich daneben. Die Wähler hatten den Braten gerochen. Sie hatten wohl in der großen Mehrzahl erkannt, welch teuflisches Spiel hier gespielt werden sollte. In noch stärkerem Maße als in den anderen Kommunen gaben sie uns in Siegburg ihr Vertrauen. Die CDU fuhr mit mir als Spitzenkandidaten einen hohen Wahlsieg ein, eine hohe absolute Mehrheit. Ich selbst gewann meinen Wahlkreis mit knapp 75% der Stimmen.

Plötzlich hatte die Staatsanwaltschaft keine Eile mehr, das gegen uns anhängige Verfahren weiterzuverfolgen. Die nächste Kommunalwahl fand ja erst in fünf Jahren statt und bis dahin gab es anscheinend für die Staatsanwaltschaft keinerlei Veranlassung, die Angelegenheit weiterzubringen, außer bei den regelmäßigen Anfragen der Presse darauf hinzuweisen, dass man sehr wohl überlege, Anklage wegen Veruntreuung von über 30 Millionen € zu erheben. Fast überall wurde der Anschein erweckt, dass wir uns diese gewaltige Summe in die eigene Tasche gesteckt hätten. Fast nirgendwo wurde darauf hingewiesen, dass mit diesem Geld die Herzchirurgie gebaut worden war, die ja in der Zwischenzeit, letztlich durch das beherzte Eingreifen des Ministerpräsidenten Wolfgang Clement, zur Zufriedenheit aller hervorragende Arbeit für die Menschen in der Region erbrachte.

Das Verfahren wurde schließlich kurz vor der nächsten Kommunalwahl gegen Zahlung einer Geldbuße von allen Beteiligten eingestellt.

Lange habe ich mit mir gekämpft, ob ich einer solchen Bedingung zustimmen sollte. Viel lieber hätte ich in einem Verfahren vor Gericht gekämpft und dabei für die Öffentlichkeit einmal aufgezeigt, welch hässliches Spiel hier von bestimmten Beteiligten aufgeführt wurde. Aber dieses Verfahren hätte genau zum Zeitpunkt der Kommunalwahlen stattgefunden, so wie es der zuständige Oberstaatsanwalt meinem Rechtsanwalt einmal angekündigt hatte. Das konnte ich als Spitzenkandidat der CDU bei dieser Wahl und als Bürgermeisterkandidat bei der gleichzeitig stattfindenden Direktwahl des Bürgermeisters meiner Partei nicht zumuten. Ich habe also die Geldauflage gezahlt; ein wenig leichter für mich wurde es dadurch, dass sie an drei karitative Organisationen zu deren Unterstützung ging.

Bei dieser nächsten Kommunalwahl fuhren wir im Übrigen den höchsten Wahlsieg unserer Geschichte ein: nur ein Mandat fehlte uns an der Zweidrittelmehrheit; ich selbst erzielte bei der Direktwahl gegen vier weitere Kandidaten 61% der Stimmen.

Blick vom Dach der Herzchirurgie auf den Michaelsberg

NOT
LEHRT BETEN

Eine weitere kleine Begebenheit, die mit der Rettung des Krankenhauses in direktem Zusammenhang steht, möchte ich den Leserinnen und Lesern dieses kleinen Buches nicht vorenthalten.

In der größten Not, als wir wegen des Krankenhauses nicht mehr aus noch ein wussten, als es keine Rettung mehr zu geben schien, kam einem von uns Vieren, ich weiß nicht mehr, wer es war, der Gedanke, eine Dankeswallfahrt nach Bödingen zur „Schmerzhaften Mutter" durchzuführen, wenn denn nur das Krankenhaus gerettet würde. Wir waren alle sofort einverstanden. Man muss sich das einmal vorstellen: Wir vier ausgewachsene Männer, sicherlich gläubige, aber nicht unbedingt die frommsten Christen, versprechen in unserer großen Verzweiflung, eine Wallfahrt durchzuführen für die Rettung des Krankenhauses und der Stadt Siegburg.

Als nun der weitere Betrieb des Krankenhauses wirklich sichergestellt war, erinnerten wir uns natürlich gegenseitig häufig an dieses Versprechen. Jedem von uns war es eine selbstverständliche Verpflichtung, die gegebene Zusage auch einzuhalten. Es galt eben nur einen Termin für unseren Gang nach Bödingen zu finden. Nach mehreren vergeblichen Anläufen kamen wir kurzfristig überein, die versprochene Wallfahrt durchzuführen. An einem schönen Freitagnachmittag im Spätsommer trafen wir uns bei Franz Huhn in Kaldauen und begannen von dort aus unseren Weg. Über den Höhenweg, die Talsperrenstraße, über die Staumauer an der Talsperre vorbei, hoch nach Happerschoss, von dort aus nach Heisterschoss, hinab in den Ort Bröl, über die Brücke, die über den Fluss mit dem gleichen Namen führt und dann den steilen Berg hoch nach Bödingen, ging unsere Route, die vor allem einem von uns recht schwer fiel, weil er so lange Wanderungen nicht mehr gewohnt war. Immer wieder bat er uns, doch nicht so schnell zu gehen: Wallfahrten mache man in gemächlichem Tempo, damit man besser meditieren könne. Wir hatten nämlich ausgemacht, den Weg möglichst schweigend zurückzulegen. Jeder könne dann auf dem Weg seine eigenen Gedanken vor Gott vortragen. Aber das war wahrscheinlich eine gern akzeptierte Ausrede, weil wir auf dem doch recht langen Weg nicht gewusst hätten, was wir alles beten sollten. Und einen Rosenkranz nach dem anderen zu beten, war nicht unsere Sache. Schließlich kamen wir nach gut dreistündigem Marsch in der Bödinger Wallfahrtskirche an. Klaus Pipke, der in Bödingen zu Hause war, hatte bei seinem Pfarrer dafür gesorgt, dass die Kirche noch nicht geschlossen war, denn es war doch schon relativ spät, als wir nach der ungewohnten Strapaze in der Kirche waren. Wir setzten uns zuerst einmal hin, um uns ein wenig auszuruhen. Dann „befahl" uns Jürgen Becker, uns zum Beten hinzuknien, weil man nicht auf einer Wallfahrt im Sitzen bete. Dann begann er den Schmerzhaften Rosenkranz mit uns als Vorbeter zu sprechen. Wir drei antworteten in großer Andacht. Nach dem „Vaterunser" wurde jedes der vier Gesätze je zehnmal mal mit dem Gruß des Erzengels an die Gottesmutter dem „Gegrüßet seist Du Maria …" verbunden. Nach dem „Schmerzhaften" beteten wir dann noch den „Glorreichen Rosenkranz", den „Schmerzhaften Rosenkranz" sicher wegen all unserer Sorgen, unserer Not, unserer Verzweiflung und den „Glorreichen", weil das Krankenhaus jetzt gerettet war. Nachdem wir das „Ehre sei dem Vater und dem Sohne und dem Heiligen Geist" zum Abschluss gebetet hatten, überkam uns eine gewisse Freude, dass wir das in der Not gegebene Versprechen auch eingelöst hatten.

Nach Abschluss unserer Gebete, es war inzwischen Abend geworden, verließen wir die Kirche in einer freudig erregten Stimmung. Wir hatten Wort gehalten und die versprochene Wallfahrt durchgeführt. Dabei erblickten wir hinten im alt-ehrwürdigen Gotteshaus die Ehefrau von Jürgen Becker, unsere heutige Bundestagsabgeordnete Lisa Winkelmeier-Becker und unsere langjährige Freundin und Mitstreiterin Anna Diegeler-Mai. Beide waren, wie abgesprochen, gekommen, um uns abzuholen. Sie waren jedoch etwas früher als verabredet eingetroffen, hatten

Die Wallfahrtskirche „Zur Schmerzhaften Mutter" in Hennef-Bödingen, links davor die Gaststätte Breuer

sich von uns unbemerkt hinten in die Kirche begeben und unseren Gebeten andächtig gelauscht. Auch sie waren irgendwie ergriffen, wie sie uns bedeuteten. Draußen, vor der Kirche, berichteten wir den beiden detailliert von dem Ablauf unserer Wallfahrt. Und wir ließen die Geschehnisse und den glücklichen Ausgang rund um das Krankenhaus nochmal Revue passieren. Am beeindruckendsten dabei war die Erinnerung an einen bekannten Siegburger Geschäftsmann, der seinerzeit in der Stadt auf Jürgen Becker und mich zugekommen war und davon berichtete, wie er bei der kardiologischen Untersuchung im Siegburger Krankenhaus einen Infarkt erlitten hatte und sofort in der Kardiochirurgie notoperiert worden war. „Ihr habt mir das Leben gerettet!"

Nach der Wallfahrt mussten wir uns natürlich auch etwas stärken. Schließlich hatten wir einen längeren anstrengenden Weg hinter uns gebracht. Und so gingen wir in die Gaststätte Breuer, ein altes Fachwerkhaus, der Kirche schräg gegenüber, in das schon seit Jahrhunderten die Pilger eingekehrt waren. Verständlicherweise hatten wir nach dem langen Marsch an diesem warmen Spätsommertag ein wenig Hunger, noch größer war jedoch der Durst.

Die beiden Frauen fuhren uns dann mit dem Auto nach Siegburg zurück. Vorher hatten wir uns von Klaus Pipke, der ja in Bödingen wohnte, gebührend verabschiedet. Ein schöner, ereignisreicher, sicher nicht selbstverständlicher Tag in unserem Leben war zu Ende gegangen.

Wallfahrtskirche in Bödingen

DER BAU DES CINELUX, HEUTE CINEPLEX, ÜBER DEM BUSBAHNHOF

Zu dem mehrere Hektar großen Bahnhofsareal gehören neben dem eigentlichen Bahnhofsgebäude auch der Zentrale Omnibusbahnhof mit dem darüber liegenden Großkino Cinelux, heute Cineplex. Auch dieser Bereich hat seine eigene Geschichte.

Nachdem sicher war, dass der ICE-Bahnhof in Siegburg gebaut werden würde, sicherte der Landrat zu, dass der Zentrale Omnibusbahnhof von der Rhein-Sieg-Verkehrsgesellschaft erstellt würde. Es gibt wohl keine Stelle in der näheren und weiteren Region, in der der Öffentliche Personen Nah- und Fernverkehr so optimal verknüpft wurde wie in Siegburg.

In dieser Zeit kam ein Herr aus Bergisch Gladbach zu mir, der mehrere Großkinos im Rheinland betrieb. Er fragte mich, ob wir in Siegburg keine Fläche für den Bau eines neuen Großkinos besäßen. Anhand des Stadtplanes gingen wir alle Freiflächen für den Neubau eines Kinos durch. Wir fanden keine, die auch nur halbwegs geeignet gewesen wäre. Ein Großkino stellt einmal eine sehr große Baumasse dar, die nur sehr schwer stadtverträglich unterzubringen ist. Darüber hinaus erfordert eine solche Institution auch viele Parkplätze in direkter Nähe, ein zusätzlicher nicht zu unterschätzender Flächenanspruch. Baut man ein solches Großkino in das Stadtzentrum – nur in einer solchen Lage fördert eine derartige Institution die Wirtschaftlichkeit eines Zentrums – dann erschlägt bzw. zerstört die Baumasse die Innenstadt. Liegt ein solches Großkino aber außerhalb, dann nutzt es für das Zentrum nichts, ist also eigentlich für eine Stadt wenig erstrebenswert.

Also eine solche Großinvestition ablehnen? Sie in die Nachbarstadt Sankt Augustin abwandern lassen? War das etwa die beste Lösung? Plötzlich kam mir der rettende Gedanke! Warum nicht das Kino über den Busbahnhof bauen? Diese Idee bot eine Menge Vorzüge: Erstens, die gewaltige Baumasse erforderte keinen zusätzlichen Platzbedarf. Zweitens, das Parkhaus des Kreises lag ganz in der Nähe und war abends weitgehend ungenutzt. Drittens, die Kinobesucher waren ganz nah an der Innenstadt und konnten vor oder nach dem Kinobesuch noch einen Bummel durch die Geschäfte machen oder die Restaurants aufsuchen. Und dann gab es noch einen nicht zu unterschätzenden Vorteil für den Busbahnhof: die Fahrgäste standen unter dem Kino im Trockenen und waren nicht den Unbilden der Witterung ausgesetzt.

Sie können sich sicher vorstellen, dass der Investor nicht gleich auf diese Überlegung ansprang, war es ihm doch sofort klar, dass eine Überbauung des Busbahnhofs in jedem Falle größere Mehrkosten beinhalten würde. Dem konnte ich entgegensetzen, dass der Grundstückspreis bei einer Überbauung, wenn auch nicht ganz entfiele, aber mit Sicherheit gewaltig gemindert würde, da ja der Eigentümer des Grundstückes mit einer Überbauung nur Vorteile hätte.

Wir kamen schließlich überein, dass der potenzielle Investor die Angelegenheit noch einmal überdenken, die Mehrkosten für die Überbauung den reduzierten Grundstückskosten einmal gegenüberstellen und dann wieder auf mich zukommen würde. Auch ich hatte jetzt eine Reihe von Aufgaben zu lösen: Einmal musste ich meine Freunde von dieser meiner neuen Überlegung begeistern, dann musste ich den Landrat und seine Gremien davon überzeugen, dass sie einen Miteigentümer auf ihrem Grundstück zuließen und dass ihr Busbahnhof zu großen Teilen überbaut würde.

Wie wir alle wissen, wurde das Projekt umgesetzt. Mir ist es sogar gelungen, dass der Architekt, der den Bahnhof geplant hat, auch für dieses Projekt beauftragt wurde. Dadurch war gewährleistet, dass der Bau des Kinos mit dem des Bahnhofs harmoniert. So war auch sichergestellt, dass die große Baumasse nicht als undifferenzierter Klotz in die Innenstadt gesetzt wurde, da Hartmut de Corné beabsichtigte, vor allen Dingen an der Wilhelmstraße den Bau zu gliedern und durch Einschnitte zu differenzieren. Dies ist ihm hervorragend gelungen; der Bau hat die Straße nicht erschlagen, sondern hat sich sehr gut in das Umfeld eingefügt. Wenn man weiß, dass das Großkino jährlich

Blick über die Baugrube ICE-Bahnhof auf den Bau des Großkinos

von ca. 400.000 Menschen besucht wird, dann kann man leicht ermessen, welche wirtschaftliche Bedeutung diese neue kulturelle Institution für die Stadt Siegburg hat.

Es bleibt noch nachzutragen, dass bei den politischen Parteien vor allem die Grünen einen gewaltigen Propagandafeldzug gestartet hatten. Sie versuchten der Bevölkerung Angst zu machen, indem sie behaupteten, unter dem Kino entstünden dunkle Angsträume, die die Wartenden meiden würden. Natürlich haben wir von Anfang an darauf geachtet, dass der überdachte Bereich des Busbahnhofs nicht nur nachts, sondern auch bei dunklem Wetter taghell ausgeleuchtet wird.

An der Technischen Hochschule Aachen wurde das Modell der Überbauung darüber hinaus im Windkanal optimiert, damit auf dem großen Gelände des Bahnhofs keine zugigen Bereiche entstanden. Das ist in hervorragendem Maße gelungen. Die Menschen halten sich gerne im geschützten Bereich unter dem Kino auf und warten dort auf ihre Busse.

Natürlich ist aus Sicherheitsgründen der gesamte Bahnhofsbereich mit Videokameras ausgestattet. Darüber hinaus gibt es auch Lautsprecher für Durchsagen. Über diese Lautsprecher ertönte nach Eröffnung des Busbahnhofs für die Wartenden auch leise Klassische Musik. Diese Anregung von mir wurde nach kurzer Zeit nicht mehr weiterverfolgt, weil sich die Wartenden nicht auf die Musik einigen konnten. Den einen gefiel die Klassik-Musik, die anderen wollten Pop und schließlich gab es auch nicht wenige, die in Ruhe auf ihren Bus warten wollten.

Das Großkino Cinelux, heute Cineplex

DIE GESCHICHTE
DES SIEGBURGER ICE-BAHNHOFS

Die Geschichte, dass Siegburg und nicht Bonn den ICE-Halt an der neuen Strecke Köln-Frankfurt bekam, ist sehr wechselvoll und vielseitig. Einige haben dazu beigetragen, und auch ich darf mir sicher sein: Ohne mich gäbe es den ICE-Bahnhof in Siegburg nicht und schon gar nicht diesen Bahnhof.

Doch alles der Reihe nach: Anfang der 70er Jahre ließ die Bahn AG zum ersten Mal verlauten, dass sie eine neue Hochgeschwindigkeitsstrecke von Köln nach Frankfurt plane. Natürlich gingen alle davon aus, dass die Bahn über die damalige Noch-Bundeshauptstadt Bonn liefe. Aber schon bald wurde klar, dass eine Führung der Hochgeschwindigkeitsstrecke durch das enge Rheintal und das Rheinische Schiefergebirge außerordentlich teuer werden würde. Eine Anlehnung der Strecke an die Autobahn A 3 müsste wesentlich günstiger werden. Damit kam die Stadt Siegburg zum ersten Mal ins Blickfeld, denn von Siegburg aus beginnt die A 3 ihren Aufstieg in das Rheinische Schiefergebirge. Und bis Siegburg gab es von Köln-Hauptbahnhof aus eine Eisenbahnstrecke, die die neue Trasse sehr gut nutzen konnte. Über Siegburg musste die neue Strecke wesentlich schneller, billiger und günstiger gebaut werden können. Aber wie sollte man gegen die Bonner Lobby ankommen? Das war scheinbar aussichtslos!

Aber wie so häufig im Leben gibt es Zufälle, die möglicherweise den Verlauf der Geschichte entscheidend beeinflussen. Einer dieser Zufälle war, dass einer meiner Freunde, der Planungsdezernent des Rhein-Sieg-Kreises, Professor Dr. Lothar Franz, eines Tages zu mir kam und mir berichtete, dass er den mit der Trassenplanung beauftragten Ingenieur der ICE-Strecke sehr gut kenne. Es sei einer seiner Studienkollegen von der TH Darmstadt. Ob ich ihn nicht einmal kennen lernen wolle? Er würde dies dann vermitteln. Ich lud die beiden zu einem Mittagessen ins „Ristorante Roberto", einem sehr guten italienischen Restaurant, damals noch in der unteren Mühlenstraße neben dem Kreishaus, ein. Das Essen mundete uns sehr, der Wein war lecker, wir verstanden uns gut. Am Ende des Mahls waren wir alle drei der Meinung, dass es nur eine Strecke für den Bau des ICE gebe und die verliefe über Siegburg. Wir hatten die Zusage, dass, wenn es eine Chance dafür gäbe, die Trasse über Siegburg geplant würde.

Wie nicht anders zu erwarten, wurde die Trasse nicht über Siegburg, sondern über Bonn geplant, allerdings nicht über den Hauptbahnhof Bonn, sondern über Bonn-Vilich, dem Kreuzungspunkt der rechtsrheinischen Bahnstrecke mit der Bonner Straßenbahn, der Linie 66. Die Verantwortlichen hatten eingesehen, dass die Strecke über den Bonner Hauptbahnhof unbezahlbar teuer würde. Stattdessen hatten sie sich eine Trasse über das rechtsrheinische Bonn ausgedacht, ebenfalls entlang einer bestehenden Bahnstrecke. An der Verknüpfung mit der Straßenbahn sollte der neue Bahnhof gebaut werden. Von diesem Punkt aus sollte die Strecke dann nach Osten verschwenken und im vorderen Westerwald auf die A 3 treffen. Diese Variante sei wesentlich günstiger als die Variante über den Hauptbahnhof und nur unwesentlich teurer als die Strecke über Siegburg. So sei die Bundeshauptstadt direkt an die neue Hochgeschwindigkeitsstrecke angeschlossen. Dabei biete der Anschlusspunkt genügend freie Flächen, um alle bahnhofsrelevanten Infrastrukturmaßnahmen wie Parkplätze oder Geschäfte unterbringen zu können. Bei dieser Planung hatten die Verantwortlichen nicht nur die finanziellen, sondern darüber hinaus auch alle umweltrelevanten Gesichtspunkte außer Acht gelassen. Diese Trasse widersprach „ganz eindeutig den Umweltgesetzen des Bundes und des Landes Nordrhein-Westfalen". (Vgl. Franz Möller: Die Vorgeschichte des ICE-Bahnhofs, Jahrbuch des Rhein-Sieg-Kreises, Jg. 2000, Seite 166). Wir, die für die Planung im Rhein-Sieg-Kreis Verantwortlichen, der Landrat, der Oberkreisdirektor und ich als Vorsitzender des Planungsausschusses forderten daher vor jedweder Trassenfestlegung nachdrücklich eine Umweltverträglichkeitsprüfung der verschiedenen Varianten. Aber obwohl keine Umweltverträglichkeitsprüfung vorlag und obwohl mehr als eine halbe Milliarde DM teurer als die Strecke über Siegburg, wurde Bonn-Vilich in den Entwurf des Ausgleichvertrages über den Bonn-Berlin-Beschluss aufgenommen.

Von Siegburg war keine Rede mehr. Bonn schien das Rennen gemacht zu haben.

Aber ich habe eine Maxime: „Solange der Beton nicht hart ist, kann man die Planung immer noch ändern." Der Beton war noch nicht hart, solange der Vertrag noch nicht unterschrieben war. Aber gab es in dieser Situation denn wirklich noch eine reelle Chance? Zumindest eine theoretische und diese zu ergreifen, wollte ich nicht versäumen. Ich ging zu Dr. Franz Möller, unserem langjährigen Landrat des Rhein-Sieg-Kreises, unserem Bundestagsabgeordneten und als Justiziar der CDU-Bundestagsfraktion ein enger Vertrauter von Bundeskanzler Helmut Kohl. Ich erläuterte ihm die Situation, die er ebenfalls schon gut kannte und bat ihn zu intervenieren, damit nicht über 500 Millionen DM aus Prestigegründen vergeudet und der Umweltschutzgedanke mit Füßen getreten würde. Franz Möller hat dann den Bundeskanzler aufgesucht und ihm die Sachlage erläutert. Der Kanzler muss beeindruckt gewesen sein, wie leicht eine solch große Summe einzusparen und ein riesiger Umweltfrevel zu vermeiden war, denn er ist hingegangen und hat in dem Vertragsentwurf hinter „Bonn-Vilich" handschriftlich hinzugefügt „ oder Siegburg". Damit stand auch die Stadt Siegburg gleichberechtigt im Vertragsentwurf, vom Bundeskanzler der Bundesrepublik Deutschland eigenhändig ergänzt. Darauf hatte die Bahn AG nur gewartet. Jetzt war sie in der Lage, viel Geld beim Bau der Strecke einzusparen. Dies tat die Bahn natürlich und die Trasse führte endgültig über Siegburg.

Dr. Möller schreibt darüber in seinem Beitrag über „Die Vorgeschichte des ICE-

Bahnhofs in Siegburg", sehr diplomatisch:

„Am 20.12.1989 hat sich dann die Bundesregierung auf Empfehlung des Bundeskanzlers dazu durchgerungen und beschlossen, die ICE-Strecke durchgehend rechtsrheinisch zu führen und Haltepunkte am Flughafen Köln/Bonn und in Bonn/Vilich bzw. Bonn/Siegburg vorzusehen. Damit war endlich der Weg für Siegburg frei, denn bei ernsthafter Prüfung der Umweltverträglichkeit beider Trassen war von vorneherein klar, dass die Variante 0 (Trasse über Siegburg) im Vergleich zu der Variante 0.2 (Trasse über Vilich) geringere Eingriffe in die Umwelt zur Folge hat, wie mir Umweltminister Klaus Matthiesen am 2. 2. 1990 schriftlich bestätigte.

In der Folgezeit stellte sich die Bundesbahn (heute: Deutsche Bahn AG) auf diese neue Trasse ein, die eindeutig geringere Eingriffe in Natur und Landschaft erforderte als die Trasse über Bonn-Vilich". (Ebda., S. 166)

Fazit: Solange es noch den Hauch einer Chance gibt, darf man nicht aufgeben!

In den Ausgleichsvertrag wurde ebenfalls noch aufgenommen, sozusagen als Trostpflaster für die Stadt Bonn, dass es in Zukunft eine Bahnverbindung vom rechtsrheinischen Bonn zum Konrad-Adenauer-Flughafen geben werde, die S 13.

Damit war die Streckenführung über Siegburg endgültig gesichert. Auf uns kam jetzt die Aufgabe zu, das große Gelände der Bahn AG, auf dem der alte Bahnhof stand, für den ICE-Halt ansprechend zu beplanen. Zusammen mit der Bahn AG veranstalteten wir dazu einen eingeschränkten Wettbewerb, zu dem wir insgesamt fünf renommierte deutsche Architekten einluden. Ebenfalls baten wir den Siegburger Stadtplaner und Architekten Hartmut de Corné, sich an dem Wettbewerb zu beteiligen. Wider aller Erwarten erreichte seine Planung mit weitem Abstand den ersten Platz. Hartmut de Corné erhielt dann auch von der Bahn AG den Auftrag, ein neues Bahnhofsgebäude zu planen. Schon der Vorentwurf, ein großes zweischaliges vierschossiges Gebäude mit einer innen liegenden großen Rotunde, begeisterte alle Fachleute. Schon bald gab die Bahn AG dann auch den endgültigen Planungsauftrag an ihn.

Der alte Bahnhof wurde abgerissen. Auf der Bahnhofsrückseite wurde die neue Vorfahrt zum neuen ICE-Halt erstellt, die heutige repräsentative Konrad-Adenauer-Allee.

Der alte Bahnhof war abgerissen, das Untergeschoss des neuen Bahnhofs, in das die Bonner Bahn mit ihrer Endhaltestelle Einzug hielt, im Rohbau erstellt, als uns die Bahn AG mitteilte, dass sie für den Bau der oberen drei Etagen kein Geld mehr habe und sie daher nur noch die von ihr benötigte erste Etage bauen werde. Unsere Enttäuschung war riesengroß. Das von Hartmut de Corné konzipierte neue Bahnhofsgebäude sollte sich in Luft auflösen. Statt eines repräsentativen Gebäudes sollte eine Zigarrenkiste den Eingang zum Siegburger Stadtzentrum darstellen. In dieser ausweglosen Situation kam mir der rettende Gedanke: Warum sollten wir, die Stadt Siegburg, nicht die drei oberen

Der Plan des ICE-Bahnhofs

Die Konrad-Adenauer-Allee auf der Bahnhofsrückseite

Etagen selbst erstellen. Jürgen Becker, Franz Huhn und die gesamte CDU-Fraktion jubelten ob dieses kühnen Vorschlags. Und wenn die Bahn AG zunächst davon ausgegangen war, auch die drei oberen Etagen des Gebäudes rentabel zu vermarkten, warum sollte dies dann nicht auch der Stadt Siegburg gelingen, deren Plus es war, am Ort der Vermarktung und damit des Geschehens selbst ansässig zu sein. Wenn die Bahn es mit ihrer in den Jahren zuvor in ganz Deutschland verkündeten Philosophie wirklich ernst meinte, dass die Bahnhöfe wieder die repräsentativen Eingangstore zu den Städten werden müssten, dann konnte die Bahn eigentlich nur auf mein Ansinnen eingehen, zusammen mit ihr den geplanten großen Bahnhof zu bauen.

So schnell wie möglich ließ ich mir einen Termin in der Bahnzentrale in Frankfurt geben, um den zuständigen Damen und Herren unser Ansinnen vorzutragen. Das sei nicht möglich, zusammen mit einer Stadt einen neuen Bahnhof zu bauen. Das habe es noch nie gegeben. Auf einem Gelände der Bahn AG könne kein Fremder bauen. Hartnäckig, wie ich nun einmal bin, vertrat ich meine Überlegungen, erläuterte die Vorzüge auch für die Bahn AG, und erinnerte die Zuständigen daran, dass sie sich nur bei Zusammenarbeit mit der Stadt wegen ihrer vorgetragenen Philosophie nicht im ganzen Lande lächerlich machen würden. Man versprach mir schließlich, die Angelegenheit dem Vorstand vorzutragen. Es vergingen einige Wochen, ohne dass ich etwas von der Bahn AG hörte. Schließlich erreichte mich eine Einladung zu einem Symposium der Bahn in Essen, an dem ich dann auch teilnahm. Gleich im ersten Vortrag verkündete der zuständige Architekt, dass der Vorstand der Bahn beschlossen habe, zum ersten Mal in der Geschichte zusammen mit einer Stadt einen Bahnhofsneubau zu erstellen. Dann dankte er mir, dem Bürgermeister der Stadt Siegburg, dafür, dass ich diese hervorragende Idee gehabt hätte, den neuen ICE-Bahnhof zusammen mit der Bahn AG zu bauen. Auch diesmal hatte sich meine Hartnäckigkeit, gepaart mit einer überraschenden Idee, wieder einmal durchgesetzt. Natürlich sollten wir uns anteilmäßig bei den Grundstückskosten beteiligen. Ich erreichte in zähen Verhandlungen, dass wir unser Gemeinschaftseigentum, die oberen drei Etagen, erstellen konnten, ohne für das hervorragend gelegene Grundstück anteilmäßig bezahlen zu müssen.

Pünktlich, nur wenige Tage vor meinem Abschied als Bürgermeister, konnten wir den neuen ICE-Bahnhof, dass von allen bewunderte, repräsentative Gebäude am Eingang unserer Stadt, am 28. September 2004 einweihen.

Bevor der Bau des Bahnhofsgebäudes startete, war es mir noch gelungen, eine von unseren drei Etagen an die Baufirma, die Walter-Bau-GmbH, weiterzuverkaufen. So wurde unsere Investition von ca. 12 Millionen € um 1/3 verringert.

Vor der eigentlichen Bauphase war ich mit unserem Architekten Hartmut de Corné einen ganzen Tag zum neu erbauten Flughafen München geflogen, um die Dimensionen der dortigen Passagen, vor allem Höhe zur Breite, zu studieren. Wir wollten in jedem Falle vermeiden, dass der Bereich der Einfahrt der Bonner Straßenbahn von den Passanten als zu niedrig

Der neue ICE-Bahnhof

Die Eröffnung des ICE-Bahnhofs am 28. September 2004

und damit als zu niederdrückend empfunden würde. Unser Besuch hat sich gelohnt. Wir stellten sogar fest, dass der Durchgang unter den Eisenbahngleisen eher unnötig breit ausgefallen war. So kam ich auf die Idee, zwischen die Stützsäulen und die Wand an den Treppenaufgängen zu den Bahnsteigen einen Glaspavillon einzubauen. An dieser hervorragenden Stelle, dort, wo die meisten Passanten im Bahnhof vorbeikommen, befindet sich heute die Touristinformation der Stadt Siegburg. Ebenfalls befinden sich dort zwei abgeschlossene mittelgroße Glaspavillons, wovon einer zurzeit noch leer steht, der zweite zur Dokumentation der Geschichte des Siegburger ICE-Bahnhofs genutzt wird. Jeder wird sich fragen, warum die Pavillons nicht wirtschaftlicher genutzt werden? Der Grund ist, dass das Untergeschoss als Geschoss mit reiner Verkehrsfunktion zum großen Teil mit öffentlichen Geldern erstellt wurde und daher zehn Jahre lang nicht zu kommerziellen Zwecken genutzt werden kann. Auch im Informationsamt darf deshalb kein Überschuss erwirtschaftet werden, sonst müssten die nicht unerheblichen staatlichen Zuschüsse zurückgezahlt werden.

Aber auch für einen weiteren Bereich hat sich der Besuch in München gelohnt. Am Ausgang des Bahnhofs auf der Zanger Seite befindet sich das große Dreieck mit der breiten Treppe in der Mitte. Das Vorbild für seine Gestaltung haben wir ebenfalls am Münchener Flughafen gefunden. Dort, am Flughafenhotel Kempinski, finden sich die Lavendelrabatte mit den dazwischen liegenden Rasenstreifen wieder.

Die fast ungenutzten Glaspavillions

Auch die in Reih und Glied aufgestellten Bäume haben wir am Flughafen München abgeschaut. Dort sind es allerdings Birken, welche die Freiflächen strukturieren. Anstelle der Birken haben wir die Trompetenbäume gepflanzt, da schön gewachsene Birken im Rheinland wegen der Maibaumtradition sicherlich nicht lange überlebt hätten.

Der Lavendel, der nicht nur wegen seiner Blütenpracht, sondern auch wegen seines betörenden Duftes, fast einen Monat lang im Sommer die Menschen erfreut, hat seine Verbreitung inzwischen auf weitere Stellen der Stadt ausgedehnt: Wir finden ihn wieder vor der großen Unterführung Bonner Straße in Richtung Stadt und in den Blumenrabatten rings um die neue Rhein-Sieg-Halle.

Noch ein Detail, das meine Handschrift trägt, möchte ich nicht unerwähnt lassen. Hartmut de Corné hatte auf der Zanger Seite eine 10 m breite Freitreppe geplant. Ich trug die Idee an ihn heran, die Hälfte der Treppe für eine Wasserkaskade zu nutzen. Hartmut war begeistert. Als ich die Zeichnungen sah, wurde mir sofort klar, dass die in der Mitte geteilte Treppe zu undynamisch wirken würde. Ich bat den Architekten dann, den Wasserlauf im Verhältnis zur Treppe im goldenen Schnitt anzulegen. So ist es dann geschehen. Die große Freifläche zur Zange hin, mit den Lavendelfeldern, den Trompetenbäumen und dem auf der Treppe eingerichteten Wasserlauf ist für alle Besucher des Siegburger ICE-Bahnhofs seitdem ein gelungenes Ergebnis von harmonischer Architektur und Landschaftsgestaltung.

Die „Zanger Zeile" mit ihren Lavendelrabatten

Ebenfalls auf meine Entscheidung zurück geht die Tatsache, dass alle Treppen im Bahnhof aus rotem Granit gefertigt sind. Die erste Treppe, die am Bahnhof erstellt wurde, war die vom Untergeschoss in Richtung Stadt und Busbahnhof. Sie bestand aus roten Kunststeinstufen, deren Ecken und Kanten nach wenigen Tagen Nutzung bereits bedenkliche Zerstörungen aufwiesen. Ich ordnete daraufhin sofort an, dass alle Treppenstufen im Bahnhof aus Granit angelegt wurden, um die dauernde Auswechslung der Kunststeinstufen für die Zukunft zu vermeiden. Dies wäre sicherlich wesentlich teurer geworden, als sofort haltbare Stufen einzubauen. Die Mehrkosten waren mit Sicherheit wirtschaftlich und haben sich bis heute mit Gewissheit schon bezahlt gemacht.

Natürlich hatten wir sofort begonnen, uns um die Vermarktung, d.h. Vermietung unserer beiden Bahnhofsetagen zu kümmern. Das war bei der notwendigen Kostenmiete gar nicht so einfach. Die Bahn hatte es da bei ihrem ebenerdigen Geschoss natürlich wesentlich einfacher. Wer aber wollte in unsere beiden oberen Bahnhofsetagen ziehen?

Wie so häufig kam mir auch hier wieder der Zufall zur Hilfe. An einem Samstagmorgen sprach mich auf dem Markt ein ehemaliges Vorstandsmitglied der Kreissparkasse Siegburg an und bat mich, ihm bzw. seinen Bekannten zu helfen. Vier Siegburger Augenärzte hätten sich zu einer Praxisgemeinschaft zusammengefunden und im neuen „S-Carré" an der Neuen Poststraße großzügige Praxisräume in einem Vorvertrag angemietet. Die Kreissparkasse benötige die Flächen im Zuge einer Umstrukturierung jetzt selbst. Ob ich keine geeignete Ausweichfläche für die neue Praxisgemeinschaft kennen würde. Spontan nannte ich unsere beiden oberen Etagen im ICE-Bahnhof. Das sei doch wohl unmöglich, eine große moderne Augenarztpraxis in einen Bahnhof zu legen. Ich entgegnete ihm, dass ich dies sehr wohl für möglich halte, ja, dass ich eine solche Institution in einer solch verkehrsgünstigen Lage geradezu für optimal hielte. Er wolle dies seinen Bekannten einmal mitteilen, aber er glaube nicht, dass diese darauf anspringen würden.

Am darauf folgenden Montag erhielt ich bereits einen Anruf, wann die vier Augenärzte den Bahnhof besichtigen könnten. Zu diesem Zeitpunkt wusste ich bereits, dass demnächst in der oberen Etage unseres neuen Bahnhofs sich eine Augenklinik befinden würde. Denn die Situation in dieser oberen Etage, die ja nur wenige bisher kannten, war großartig. Der Blick reichte bis ins Siebengebirge, über die neuen Bahnhofsanlagen und auf der anderen Seite bis zum Michaelsberg und über die gesamte Stadt. Am Ende der Besichtigung waren die vier Augenärzte Feuer und Flamme für den neuen Standort. In Gedanken begannen sie schon mit der Aufteilung der neuen Praxisräume. Auch die von der Stadt geforderte Miete, die ein wenig höher war als die Miete im S-Carré, haben sie schließlich akzeptiert.

So befindet sich seit einigen Jahren in den oberen Etagen des Bahnhofs eine renommierte Augenklinik, in der alle Behandlungen einschließlich von Laseroperationen möglich sind. Aus weiten Entfernungen kommen die Patienten zum Teil mit dem ICE aus Frankfurt oder Düsseldorf, um sich heilen zu lassen. Ich glaube, auch dies ist eine einmalige Erfolgsstory, dass es in einem Bahnhof eine renommierte Augenklinik gibt. Aber in Siegburg ist eben vieles möglich, was sonst nicht möglich ist. Inzwischen hat das Ärzteteam auch die dritte Etage des Bahnhofs belegt. Der Zulauf war so groß, dass sie nicht umhin kamen, ihre Praxis entsprechend auszudehnen. Zusätzlich hat sich auch noch eine Zahnarztpraxis angesiedelt.

Weiter oben habe ich gesagt, dass wir eine Etage des Bahnhofs an eine Baufirma verkauft hatten. Dieser Firma gelang es leider nicht, diese Flächen kostendeckend zu vermieten. Da der Leerstand negativ auf die Bilanz der Firma drückte, bat sie uns schließlich, die gesamte Etage doch zurückzunehmen. Ich forderte, dass sie uns zu dem damals gezahlten Kaufpreis noch eine Million € zusätzlich bezahlte, wenn wir die Etage wieder zurücknähmen. Auf dieses Angebot ging die Firma ein. Mit der zusätzlichen Million waren wir jetzt in der Lage, auch diese Fläche kostendeckend zu vermieten. Etwas später gelang es mir dann noch, den neuen Leiter der dem Bahnhof gegenüberliegenden VR Bank dafür zu gewinnen, seine Geschäftsfläche in den neuen Bahnhof hinein auszudehnen. Ebenfalls konnten wir in dieser Ebene einen Bereich für eine Bahnhofsrestauration verpachten. Der ICE-Bahnhof Siegburg, mit seinem Unter- und seinen vier Obergeschossen, eine Erfolgsstory für die Stadt Siegburg.

Die Arztpraxen im ICE-Bahnhof

DIE GESCHICHTE DES S-CARRÉS

Anfang der 90er Jahre, ich war noch nicht lange Bürgermeister, hörte ich durch Zufall in einem ganz frühen Stadium über Umwege aus der Bundesregierung, dass die Bundespost demnächst privatisiert werden solle und dass man den Gedanken hege, um Geld bei der Privatisierung zu erhalten, alle Liegenschaften der Bundespost zu verkaufen. Das bedeutete für uns in Siegburg, dass auch das Postgebäude mit dem großen Posthof an der Neuen Poststraße verkauft werden würde. Sofort griff ich zum Telefon und rief den Vorstandsvorsitzenden der Kreissparkasse Siegburg an und teilte ihm das eben Gehörte mit. Ich wies ihn daraufhin, dass dies die einmalige Chance für die Kreissparkasse Siegburg bedeute, endlich ihr Gelände in der Innenstadt von Siegburg erweitern zu können. Dieses Ziel hatte die Kreissparkasse im Prinzip schon seit den 60er Jahren verfolgt, ohne jedoch zu einem Ergebnis zu kommen. Ich selbst hatte während meiner Zeit im Verwaltungsrat der Kreissparkasse Siegburg zusammen mit dem Vorstand versucht, ein solches Gelände für die Kreissparkasse zu finden. Hierfür bot sich das Hintergelände der oberen Bahnhofstraße an, das Gelände, das von der Firma Möbel Schmandt und der Firma Eisenwaren Krebs eingenommen wurde. Dieses Gelände, mitten in der Innenstadt von Siegburg, ist, wie man auf der Luftaufnahme gut erkennen kann, wenig intensiv bebaut und hätte leicht für eine Erweiterung der Kreissparkasse genutzt werden können.

Doch die Verhandlungen mit den Eigentümern erbrachten kein positives Ergebnis. So war die Kreissparkasse leider gezwungen, ihre dringend notwendige technische Erweiterung, das große Rechenzentrum, in der Nachbarstadt Sankt Augustin zu erbauen. Das bedeutete für Siegburg einmal einen großen Verlust an zentralörtlicher Bedeutung, aber auch eine große Einbuße an Gewerbesteuern. Aber was wollte man machen, wenn es kein geeignetes Grundstück für die Kreissparkasse in der Nähe der Hauptstelle gab. Dann war eben das Grundstück auf dem unbebauten Feld in der Nachbarstadt wesentlich günstiger, auch wenn man dabei eine Trennung des Betriebes und damit einiger Betriebsabläufe in Kauf nehmen musste.

Wenn es stimmte, dass das Postgebäude wirklich verkauft werden würde, dann war dies die einmalige Chance für die Kreissparkasse, sich Erweiterungsmöglichkeiten im Bereich ihres Hauptsitzes zu verschaffen. Das sah der Vorstandsvorsitzende Schneider genauso. Und wir versprachen uns, alles dafür in die Wege zu leiten, dass im Falle des Verkaufs des Postgeländes und des Postgebäudes die Kreissparkasse Siegburg diese erwerben könne.

Luftaufnahme des Bereichs: Unterer Markt/Untere Bahnhofstraße/Neue Poststraße

Die Gefahr bestand natürlich darin, dass ein anderer Investor sich auch für den Kauf dieses günstig gelegenen Geländes in der Innenstadt interessieren würde und der Kreissparkasse beim Kauf zuvorkäme. Das durfte nicht passieren. Und so wartete die Kreissparkasse darauf, dass die damalige Bundesregierung die Privatisierung der Deutschen Bundespost beschloss und bereitete alles vor, um im Falle des Verkaufs sofort ein geeignetes Angebot abgeben zu können. Das sollte noch fast drei Jahre dauern. Aber schließlich erwarb die Kreissparkasse Siegburg das Postgebäude und das ca. 4000 m² große Postgelände an der Neuen Poststraße direkt neben ihrem Hauptsitz in Siegburg.

Als in Siegburg bekannt wurde, dass die Kreissparkasse dieses Gelände erworben hatte, ergab sich sofort eine große Diskussion wegen des Abrisses des alten Postgebäudes, welches den Siegburgern ans Herz gewachsen war und das sicherlich zu den Identifikationsfaktoren der Stadt gehörte. Mit der Abrissfrage wurde die Frage des Standortes der Postfunktionen und der Postschalter in der Stadt verbunden. Hier konnte eine Lösung angeboten werden, die damals noch vorsah, dass die Post in einem von der Kreissparkasse neu erstellten Gebäude ihre Bereiche zur Versorgung der Siegburger Bevölkerung anmietete.

Mit diesem Hinweis konnte natürlich nicht die Grundsatzdiskussion wegen des Abrisses der Post, dieses „alten" Siegburger Gebäudes, beendet werden. Dieses Gebäude datierte aus den 20er Jahren. Ich selbst empfand es nie als schön, sondern eher als düsteres, nicht zur Stadt passendes Ensemble. Während dieser Diskussion gelang es mir, mit einer Erkenntnis vielleicht die entscheidenden Argumente für einen Abriss beizusteuern. Immer wieder zog es mich in dieser Zeit in die Neue Poststraße, um mir die Situation, vor allem eines Neubaus in Bezug auf die Höhe und Tiefe eines neuen Gebäudes der Kreissparkasse, vorzustellen. Dabei kam mir eines Tages, als ich von der Neuen Poststraße in die Straße „Am Tierbungert" ging und am Eingang dieser Straße hinter dem Postgebäude voll die Schönheit der Abtei und des Michaelsberges sah, die Erkenntnis, dass dieses alte Postgebäude beim Weg vom Bahnhof in die Innenstadt die Sicht auf das Wahrzeichen Siegburgs, den Michaelsberg mit seiner Abtei, brutal verdeckte. Das Postgebäude war damals in ein Wiesen- und Gartenland, wie die Straßenbezeichnung „Tierbungert" heute noch beweist, ohne Rücksicht auf Sichtbeziehungen in der Stadt gebaut worden. Mir war sofort klar: Jetzt, nach über 60 Jahren, war die Möglichkeit gegeben, diese Sichtbeziehung beim Gang vom Bahnhof in die Innenstadt wieder herzustellen. Dazu war es natürlich nötig, das alte Postgebäude abzureißen. Aber es war ebenso nötig, beim Bau eines neuen Gebäudes diesen Sichtbezug wieder aufleben zu lassen. Mir war ebenfalls sofort klar, dass es äußerst schwer sein würde,

Das alte Postgebäude verdeckt den Michaelsberg

diese einmalige Chance der Bauherrin Kreissparkasse anzudienen. Denn wenn man die Abtei wieder sichtbar machen wollte, musste man aus städtebaulichen Gründen auf große Teile von Geschossfläche an der Neuen Poststraße verzichten. Aber war es das nicht wert, beim Weg in die Innenstadt wieder das Wahrzeichen der Stadt vor Augen zu haben, so wie es fast 900 Jahre lang vorher gewesen war? Jetzt war ich als Bürgermeister gefordert. Dieses Anliegen musste ich im Sinne aller Siegburger Bürger durchbringen. Und dies umso mehr, als der freie Blick auf den Michaelsberg das beste Argument für den Abriss des alten Postgebäudes darstellte. Mir war natürlich auch klar, dass man hier städtebaulich einen Kompromiss finden musste. Denn es konnte nicht angehen, von der Kreissparkasse zu verlangen, das alte Postgebäude abzureißen, aber kein neues Gebäude an dieser Stelle zu errichten. Man kann sich vielleicht vorstellen, wie schwer das Ringen mit dem Bauherrn um diesen Kompromiss war. Zunächst einmal ließ ich mir vom Planungsamt der Stadtverwaltung die genaue Sichtbeziehung aus der Neuen Poststraße auf die Abtei maßstabsgerecht darstellen. Dabei ging ich von einer Augenhöhe von 1,5 m aus. Die nächste Forderung im Hinblick auf einen vernünftigen Kompromiss war, dass ab der Straße „Tierbungert" mindestens auf eine Distanz von 25 m der Michaelsberg wieder sichtbar sein müsse.

Wie wir heute erkennen können, wurde die Forderung beim Bau des „S-Carrés" verwirklicht. Das Gebäude wurde in zwei Teile aufgeteilt, die durch eine Passage getrennt sind. Und diese Passage eröffnet, vom Bahnhof her kommend, den Blick auf den Michaelsberg. Dass diese Passage

Die Sichtbeziehungen von der Neuen Poststraße auf die Abtei

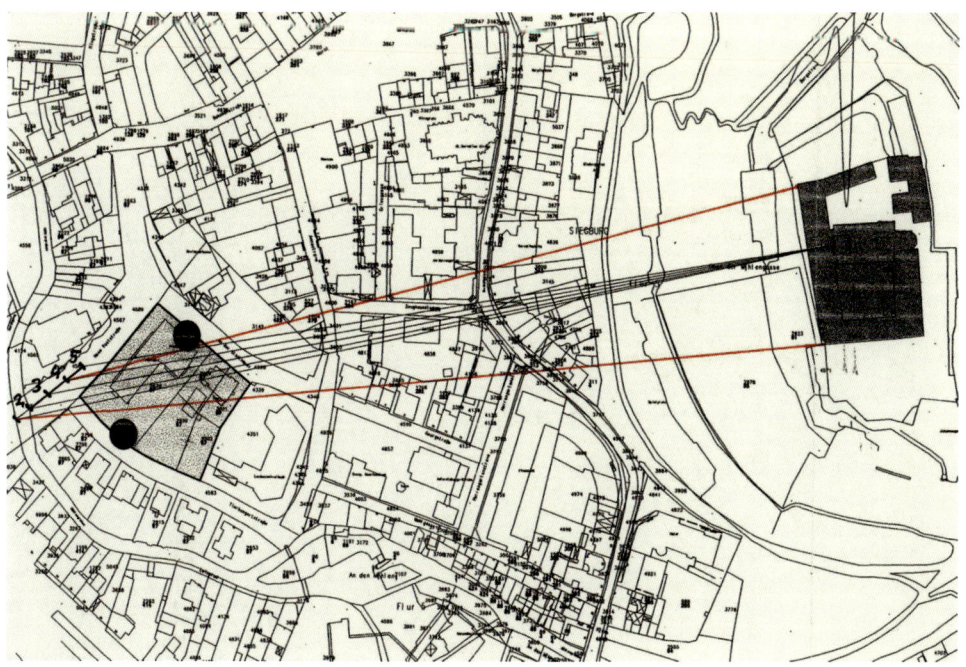

durch teure, vom Architekten so bezeichnete „Stahlbäume", so verschandelt wurde, konnte die Stadt leider nicht verhindern. Ansonsten war die Abstimmung dieses Baues mit der Stadt eine der schwierigsten, die es zu meiner Zeit als Bürgermeister gegeben hat. Über Monate hinweg wurde um diese Gebäude in harten Auseinandersetzungen gerungen, denn der Architekt aus Aachen, den die Kreissparkasse für den Neubau beauftragt hatte, lag mit seinen Vorstellungen über das neue Gebäude im Eingangsbereich der Stadt Siegburg so quer zu unseren Vorstellungen, dass wir alle Mittel und Wege einschlagen mussten, um ihn letztendlich zu „zwingen", das neue Gebäude dem bereits neu entstandenen Stadtviertel mit Großkino „Cineplex", ICE-Bahnhof, Hotel und Café Balensiefen, heute „Herting", und der renovierten VR Bank anzupassen.

Mit Hilfe des Vorsitzenden des Verwaltungsrates der Kreissparkasse Siegburg, Landrat Frithjof Kühn, gelang es schließlich, dem Architekten aus Aachen den Siegburger Architekten Hartmut de Corné, der schon die oben angeführten anderen neuen Gebäude geplant hatte, für die äußere Gestaltung des „S-Carrés" an die Seite zu stellen. So erreichten wir in harten Auseinandersetzungen, anstelle eines kasernenähnlichen, undifferenzierten Gebäudes einen Neubau, dessen Baustil sich in das neue Stadtviertel einfügte. Dafür, dass bei dieser Gelegenheit Hartmut de Corné auch noch den Auftrag bekam, das alte Eingangsgebäude der Kreissparkasse aus den 60er Jahren neu zu gestalten, müssen die Verantwortlichen der Kreissparkasse gelobt werden: Dem Architekten Hartmut de Corné ist es mit wenigen stilistischen Mitteln, dem Anbau einer im spitzem Winkel geschnittenen „Tempelhalle", gelungen, diesen Eingangsbereich zu einem einladenden, mit großstädtischem Flair versehenen Anziehungspunkt für die gesamte Neue Poststraße umzugestalten.

Überhaupt soll an dieser Stelle einmal gesagt werden, dass wir es ausschließlich ihm und seinem einfühlsamen Können zu verdanken haben, dass der neue Eingangsbereich unserer Stadt nicht wie in den

Das neue S-Carré mit Blick auf den Michaelsberg

Der neue Eingang der Kreissparkasse

meisten anderen Städten aus seelenlosen Betonquadern besteht, sondern aus zwar modernen, aber dennoch irgendwie wohltuenden Gebäuden, die jedes für sich eine Seele besitzen und angenehm auf die Menschen einwirken.

Ein weiteres Highlight der Stadtgestaltung gelang mit der Einbeziehung der ehemaligen Straße „An der Stadtmauer" in die Fußgängerzone. Schon Anfang der 70er Jahre hatte die Junge Union Siegburg mit ihrem damaligen Vorsitzenden Jürgen Becker die Öffnung des von einer hohen Hecke abgeschlossenen Gartens der Sparkasse an der Stadtmauer für die Bürgerschaft gefordert und dafür heftige Schelte des damaligen Bürgermeisters und des damaligen Sparkassenvorstands kassiert. Jetzt, als Jürgen Becker mittlerweile Kreistagsmitglied und Mitglied des Verwaltungsrats der Sparkasse geworden war, gelang es mit vereinten Kräften, die

Pläne von vor 30 Jahren endlich umzusetzen. So kam es zur Freilegung des ehemaligen Stadtgrabens zwischen dieser Straße und der alten Stadtmauer und seiner Umgestaltung zu einem Seerosenteich. Auch hierfür hat sich der Architekt Hartmut de Corné großen Dank verdient, denn ich weiß noch zu gut, wie man seinen Plan zur Umgestaltung dieser ehemals tristen Fläche mit allen Mitteln bekämpft hat. Man ließ von einer Gartengestalterin einen teuren Gegenplan erarbeiten, ohne den Seerosenteich, angeblich aus Denkmalschutzgesichtspunkten, weil früher der Spülgraben vor der Stadtmauer nie Wasser enthalten habe. Es bedurfte schließlich nicht nur eines Machtwortes des Bürgermeisters, sondern darüber hinaus auch eines Mehrheitsbeschlusses des Planungsausschusses und des Rates der Stadt Siegburg, damit der Plan des Architekten verwirklicht werden konnte.

Harter Überzeugungsarbeit bedurfte es für Hartmut de Corné, Jürgen Becker und mich, ebenso die Fassade des „S-Carrés" zur Neuen Poststraße hin durchzusetzen und die Glasfassade über dem Restaurant des „S-Carrés", in der sich die Servatiuskirche, die Abtei und die wunderschönen alten Bäume an der Stadtmauer spiegeln, in die endgültige Gestaltung des Komplexes aufzunehmen.

Heute ist es nicht nur für die Siegburger, sondern für viele Besucher aus fern und nah eines der größten Vergnügen, an einem lauen Sommerabend im Biergarten des Restaurants im „S-Carré" zu verweilen, vor der Kulisse der angestrahlten Stadtmauer, mit einem Teich voll blühender Seerosen ihr zu Füßen und der ebenfalls angestrahlten Gebäude der ehemaligen Benediktinerabtei in der Höhe. Man befindet sich mitten in einer modernen Stadt und sieht sich gleichzeitig ins Mittelalter zurückversetzt.

Auch an dieser Stelle soll noch einmal angemerkt werden, wie unverständlich es häufig war, dass man, um solch Schönes zu schaffen, so bekämpft wurde und einem so viele Schwierigkeiten bereitet wurden.

Der Seerosenteich an der Stadtmauer

DIE NEUEN WOHNGEBIETE IN SIEGBURG

1969 erhielt das Bundesland Nordrhein-Westfalen eine Raumneuordnung. Viele kleinere Gemeinden wurden zusammengelegt, manche Gemeinden und Städte wurden den Großstädten einverleibt; so kamen Bad Godesberg und Beuel zu Bonn, die Stadt Porz zu Köln; in der gesamten Region blieb nichts wie es einmal war, alles wurde verändert, häufig gegen den erklärten Willen der Bevölkerung.

Siegburg kam bei dieser Raumneuordnung nicht gut weg. Es wurde zur flächenmäßig viertkleinsten Gemeinde des Landes degradiert. Von der kleinen Fläche unterliegt etwa die Hälfte dem Natur- und Landschaftsschutz, besteht aus Wald oder Gewässern. Nur rund 50% der ca. 23 km² sind für eine Urbanisierung nutzbar.

Siegburg hatte im Jahre 1969 ca. 34.000 Einwohner. Wesentlich kleiner als die neue Stadt Sankt Augustin und nur etwa halb so groß wie die neue Stadt Troisdorf konnte Siegburg seine Kreisstadtfunktion soeben noch bewahren. Dafür musste es jedoch das mit 12 Etagen viel zu hohe, vor dem Michelsberg gelegene, neue Kreishaus akzeptieren.

1969 wurde ich als 29-Jähriger erstmals in den Rat gewählt. Dort erhielt ich gleich die wichtige Funktion des Vorsitzenden des städtischen Planungsausschusses, sicherlich auch deshalb, weil ich mich während meines Geographiestudiums vornehmlich mit den Bereichen der Stadtplanung und der Wirtschaftsgeografie beschäftigt hatte.

Hatte man uns bei der Raumneuordnung keine Quantität zugestanden, mussten wir unsere Rettung in der Qualität finden; nur in ihr bestand für die Stadt Siegburg die Chance für die Zukunft.

Ein Qualitätsproblem bestand sicherlich auch darin, dass die Kreisstadt im Hinblick auf ihre Funktion und im Vergleich zu den sie umgebenden Städten zu wenig Einwohner aufwies. Das ließ sich zum Teil dadurch ändern, dass man die noch freien, aber bebaubaren Flächen einer sinnvollen Nutzung zuführte. In der Innenstadt und um die Innenstadt herum mussten neue Wohngebiete entwickelt werden. Bis 1969 war dies an verschiedenen Stellen schon geschehen: So hatte man den gesamten Brückberg schon gleich nach dem Krieg mit Siedlungs- und Mietwohnhäusern bebaut, um den vielen Flüchtlingen und Heimatvertriebenen eine neue Wohnstätte zu geben. Das Gleiche war im Stadtteil Stallberg geschehen. Im Stadtteil Wolsdorf entstand eine Siedlung mit 53 Wohnhäusern in Selbsthilfe der einzelnen Siedler. Jedes Mitglied musste neben seiner Arbeit – damals gab es noch eine 56 Stundenwoche – 5600 Arbeitsstunden leisten, um in sein mit den anderen Siedlern selbst geschaffenes Eigenheim einziehen zu können. Auch hier entstand ein kleiner neuer Stadtteil. In diesem Ortsteil wurden ebenfalls mit Eigenheimen und Mietwohnhäusern die ehemals landwirtschaftlich genutzten Flächen des Waisenhauses unterhalb der Kirche bebaut.

Nach dieser Phase wurden die bestehenden Ortsteile Zange, Deichhaus, Braschoß und vor allem Kaldauen und Seligenthal großzügig ausgeweitet und mit Wohngebieten erschlossen.

Als mich der Rat 1989 erstmals zum ehrenamtlichen Bürgermeister der Stadt Siegburg wählte, schien es keine freien Baugrundstücke, vor allem im Bereich der Innenstadt, zu geben. Aber hier und direkt um die Innenstadt herum gab es noch eine Menge von Grundstücken, die meist gewerblich genutzt wurden. Diese Nutzung war häufig wenig intensiv und für das sich rasch entwickelnde Stadtzentrum nicht attraktiv genug. In Abstimmung mit meiner Fraktion und dem Rat versuchte ich, diese Flächen einer besseren Nutzung zuzuführen.

Am Rande der Innenstadt, direkt am Hang des Michaelsberges, lag zwischen der Alfred-Keller-Straße und der Bahnlinie die Holzhandlung „Bauer" auf einem Gelände, das die Stadt vor Jahrzehnten an diese Firma verpachtet hatte. Ich ging zu den Firmeninhabern und machte es ihnen schmackhaft, das gepachtete begrenzte enge Firmengelände mit einer neuen größeren städtischen Fläche direkt neben der Autobahn auf dem Seidenberg an der Zeithstraße zu tauschen. Dieses Gelände könnten sie zudem von der Stadt preiswert erwerben und hätten damit für die Zukunft ein Firmengelände in Eigentum. Über diesen Vorschlag waren sie natürlich hocherfreut. Endlich konnten sie ihre Holzhandlung aus der engen Innenstadtlage hinaus auf ein wesentlich besser zu erreichendes Gelände verlegen. Die Stadt konnte das alte Gelände direkt am Michaelsberg verkaufen und für den Wohnungsbau nutzbar machen. Die Stadtkasse konnte aufgebessert werden und mehr als 100 Menschen fanden im Jahr 1999 ein neues Zuhause in der Innenstadt.

In einer ähnlich guten Lage – im Bereich des Schulzentrums Neuenhof und der Feuerwache – gab es vor einem Jahrzehnt noch eine größere Kleingartenanlage. Auch hier startete ich eine Initiative, diese innenstadtnahen Flächen für den Wohnungsbau zur Verfügung zu stellen. Ich schrieb die Gartenbesitzer alle an und lud sie zu einer Versammlung ins Rathaus ein, wo ich ihnen mein Projekt vorstellte. Sicherlich war es für die Pächter der Gärten traurig, ihre gewohnten Schrebergartengrundstücke quasi in der Innenstadt mit solchen am Stadtrand tauschen zu müssen, aber fast alle hatten Verständnis und stimmten schließlich zu, dass ihnen die Stadt in einer der beiden großen Kleingartenanlagen, entweder auf der Zange oder im Kaldauer Feld, eine neu angelegte Fläche mit allen Annehmlichkeiten für einen Kleingärtner wie Versammlungsraum, Toiletten usw. zuweist. Auch in dieser innenstadtnahen Lage haben 28 junge Familien in schmucken Einfamilienhäusern 2003 und 2004 eine neue Heimat gefunden.

Ein dankbar angenommener Nebeneffekt war es darüber hinaus, dass die Stadt durch den Verkauf dieser wertvollen Flächen

Das neue Wohngebiet am Kleiberg

Das neue Wohngebiet an der Feuerwache

kurz vor dem Jahresende 2001 den Haushaltsausgleich für das kommende Etatjahr erreichen konnte.

2001 wurde auch die hochwertige Wohnbebauung an der Kastanienstraße am Ufer des Mühlengrabens durch die Firma Blümlein erstellt. Auch hier konnte die Stadt ungenutztes Gelände veräußern, sodass unter Einschluss von Privatgelände wertvoller Wohnraum, 36 Wohnungen in der Nähe des Stadtzentrums, erstellt werden konnte.

Eine weitere noch relativ innenstadtnahe Fläche fand ich nördlich der Alten Poststraße. Hier lag noch ein ungenutztes Gelände, eine Erweiterungsfläche für den Nordfriedhof. Da die Fachverwaltung trotz sich verändernder Beerdigungsriten noch immer von einer notwendigen Erweiterung der Friedhofsflächen in Siegburg ausging, ließ ich eine Untersuchung über die Friedhofsbelegung in der Zukunft für Siegburg erstellen. Das Ergebnis war eindeutig: die Erweiterungsflächen aller Siegburger Friedhöfe konnten entfallen. Damit war auch die oben genannte Fläche an der Südwestseite des Nordfriedhofs für den Wohnungsbau nutzbar. Es entstanden hier in Süd- und Südwestlage Einfamilienhäuser und Mietwohnungen für rund 28 Familien. Auch hier erhielt die Stadt für den Verkauf dieser Flächen Geld, das sie zum Ausgleich ihres engen Haushaltes sehr gut gebrauchen konnte.

Zwei weitere größere Brachflächen gab es Anfang der 90er Jahre noch auf dem Deichhaus. Es handelte sich einmal um die ehemalige Betriebsfläche einer Bauunternehmung, auf der jahrzehntelang nach dem

Die neue Wohnanlage an der Kastanienstraße

Die Wohnanlage „Am Beu"

Kriege ein Werk für Betonfertigteile betrieben wurde. Als die Firma in den 70er Jahren in Konkurs ging, hatte es die Stadt versäumt, die Fläche zu erwerben. Durch den Zusammenbruch der Firma eines Immobilienmaklers gelangte das Gelände in das Eigentum der Kreissparkasse Siegburg. Ich zögerte keinen Augenblick, das gesamte fast zwei Hektar große innenstadtnahe Grundstück zu einem akzeptablen Preis für die Stadt zu kaufen. Ein Bauunternehmer aus einer Nachbarstadt erwarb das Gelände. In Absprache mit der Stadt stellte er einen interessanten Bebauungsplan auf, dessen Schwerpunkt die so genannten Fächerhäuser darstellen, viergeschossige Mietwohnhäuser, die sich aus einem Halbkreis wie ein Fächer nach außen öffnen. 1998 wurden die Verträge mit der Stadt geschlossen und in den Folgejahren 138 neue Wohnungen erstellt.

Auch die zweite bis vor kurzem noch existierende große Brachfläche auf dem Deichhaus hat eine interessante Geschichte. Mitte der 60er Jahre erwarb ein Berliner Großinvestor das zwischen der Frankfurter Straße, der Wahnbachtalstraße und dem Siegdamm gelegene ca. 27.000 m² große Grundstück, das als Gartenland genutzt wurde. Er beplante dieses Gebiet mit bis zu acht Geschossen hohen Mietshäusern. Gott sei Dank wurde diese „Hochhaussiedlung" nie verwirklicht. Denn der Berliner „Baulöwe" musste Konkurs anmelden. Die landschaftlich schön gelegene Fläche blieb weiter ungenutzt. Ebenfalls 1998 gelang es mir, die gesamte Fläche von einer Firma in der Schweiz über die Deutsche Bank für die Stadt Siegburg zu erwerben. Doch ein Bauträger fand sich zunächst nicht, v. a. weil sie wegen ihrer Tieflage zunächst ca. 2 m aufge-

Die neue Wohnanlage auf dem ehemaligen „Poppelgelände"

schüttet werden musste. Ende des ersten Jahrzehnts des neuen Jahrhunderts fand mein Nachfolger als Bürgermeister, Franz Huhn, einen geeigneten Bauträger für die Fläche. Natürlich wurden keine Hochhäuser mehr gebaut. Der Bebauungsplan wurde geändert und die Höhenentwicklung den modernen Gegebenheiten angepasst. Seit 2011 entstehen auf dem Gelände 90 Wohneinheiten in 2- bis 3-geschossigen Doppel- und Reihenhäusern.

An der Dammstraße, ebenfalls im Stadtteil Deichhaus, entstanden Ende der 90er Jahre in der Nähe des großen Verbrauchermarktes „Kaufland" 51 neue Wohnungen.

Ganz in der Nähe bauten zwölf Eigentümer, am Rande des Phrix-Geländes, direkt am Mühlengraben ihre Einfamilienhäuser als Doppelhäuser.

Mitte der 90er Jahre gelang es mir, eine schon länger in meinem Kopf befindliche Idee zu verwirklichen: die Bebauung des alten Wolsdorfer Sportplatzes an der Viehtrift. Schon vor Jahren hatte ich einmal versucht, den Siedlungsgedanken, so wie er in der benachbarten Marienfried-Siedlung nach dem Krieg verwirklicht worden war, wiederzubeleben. Aber es fanden sich keine jungen Familienväter mehr, die bereit waren, einige Jahre lang ihre Freizeit und ihren Urlaub zu opfern, um sich in Eigenarbeit ein Familienheim zu erstellen. In der heutigen Zeit war es nur möglich, eine „abgespeckte" Variante des Siedlungsgedankens zu verwirklichen. Eine Firma erstellte den Rohbau der Siedlungshäuser, die zukünftigen Eigentümer konnten den Innenausbau teilweise in Eigenleistung erbringen. Die starke Gruppe der Christlich Demokratischen

Das neue Wohngebiet zwischen Frankfurter Straße, Wahnbachtalstraße und dem Siegdamm

Die neuen Wohnungen in der Dammstraße

12 neue Einfamilienhäuser am Rande des Phrixgeländes

Arbeitnehmerschaft (CDA) Siegburg setzte es durch, dass sich nur Familien mit mindestens zwei Kindern unterhalb einer bestimmten Einkommensgrenze für diese von der Stadt stark subventionierten Grundstücke bewerben konnten. 20 kinderreiche Familien haben hier in den Jahren 1998/99, umgeben von Wald, ein kinderfreundliches Zuhause gefunden.

Anfang der 90er Jahre forcierten wir Überlegungen, einen Teil des Kaldauer Feldes zu bebauen. Der Ansatz zu dieser Idee war diesmal weniger ein bevölkerungspolitischer, sondern eher ein planerischer, landschaftsgestalterischer. Der Ortsteil Kaldauen wurde nach Süden, zum „Kaldauer Feld" hin, durch die sogenannten „Hügelhäuser" abgegrenzt. Diese Wohnanlage, in den 70er Jahren gebaut, besteht aus sechs-

geschossigen, nach oben hin zurückspringenden Wohnungen, die mit schwarzen Schieferplatten verkleidet sind. Nicht nur wegen der Höhe der Häuser, sondern auch wegen ihrer Länge riegelten die Bauwerke den schönen Ortsteil Kaldauen gegen die Siegaue hin in nicht optimaler landschaftsplanerischer Art und Weise ab.

Ich hatte schon lange den Plan gefasst zu versuchen, die Wucht der Hügelhäuser optisch zu verringern. Dies konnte nur gelingen, wenn mit einer lockeren Bebauung die Hügelhäuser von der Siegniederung her gesehen verdeckt wurden. 1990 brachten wir den Antrag in den Rat ein, einen Teil des Kaldauer Feldes vor den Hügelhäusern in einer lockeren Bauweise mit Ein- und Mehrfamilienhäusern zu bebauen. Dabei setzten wir fest, dass die

Die Bebauung des „Alten Wolsdorfer Sportplatzes"

Die Hügelhäuser im Kaldauer Feld, um 1985

Bebauung nur bis zur Linie des höchsten jemals gemessenen Hochwassers der Sieg reichen durfte. So bewahrten wir die für den Hochwasserschutz eines Flusses unbedingt nötigen natürlichen Retentionsflächen. Zur Siegaue hin planten wir die Einfamilienhäuser, in Richtung Hügelhäuser zwei- bis dreigeschossige Mehrfamilienhäuser. Nach Fertigstellung der Wohnanlage, Ende der 90er Jahre, kann man wirklich von einer gelungenen Planung sprechen. Die Hügelhäuser haben ihre abgrenzende Wirkung verloren und der Ortsteil Kaldauen fächert sich, so wie es landschaftsplanerisch richtig ist, architektonisch wohltuend in die Siegebene aus. Ca. 200 Familien fanden hier in landschaftlich hervorragender Lage ein neues Zuhause, davon 145 in schmucken Einfamilienhäusern.

Im Stadtteil Schreck, südlich von Braschoß, entstand ebenfalls ein neues größeres Wohngebiet, welches das alte Dorf Braschoß in planerisch gelungener Weise abrundet. Insgesamt wurden hier rund 120 neue Wohneinheiten, meist 1- bis 2-geschossige Einfamilienhäuser, gebaut.

In den Jahren 1994 und 1995 erweiterte die Siegburger Baugenossenschaft ihren Wohnungsbestand auf dem Stallberg in einer neuen Strasse „Auf den Tongruben" um weitere 48 Wohnungen in 8 Häusern. Hier fanden v. a. viele Aussiedler aus Russland ein neues Zuhause.

Für ein weiteres neues Wohngebiet auf dem Stallberg fand sich noch eine Fläche ganz im Norden dieses Stadtteils, rechts und links am Ende der Winterberger Straße. Dort entstanden an der Rektor-

Das neue Wohngebiet verdeckt die Hügelhäuser

Das neue Wohngebiet in Braschoss

48 neue Wohnungen der Siegburger Baugenossenschaft „Auf den Tongruben"

Dresen-Straße mehrere Mehrfamilienhäuser mit 48 Wohnungen und an der Josef-Bethan-Straße 24 schmucke Einfamilienhäuser. Mit den Straßennamen in diesen Neubaugebieten konnten zwei verdiente Männer aus der Nachkriegsgeschichte unserer Stadt verewigt werden: Rektor Dresen war der Pfarrer von Sankt Dreifaltigkeit in Siegburg-Wolsdorf, der durch seinen Widerstand gegen das nationalsozialistische Regime schweren Verfolgungen ausgesetzt war. Josef Bethan von der Sozialdemokratischen Partei in Siegburg war der erste stellvertretende Bürgermeister in meiner ersten Legislaturperiode als Bürgermeister. Wir beide waren mehr oder weniger befreundet, obwohl wir unterschiedlichen Parteien angehörten. Josef Bethan starb viel zu früh an einem Herzinfarkt. Ich hatte ihm zehn Tage zuvor die Amtsgeschäfte wegen meines Urlaubs übertragen. Selbstverständlich habe ich meinen Urlaub abgebrochen, um an seinem Begräbnis, das unter großer Anteilnahme der gesamten Siegburger Bevölkerung auf dem Waldfriedhof in Siegburg stattfand, teilnehmen und ihm eine würdige Abschiedsrede halten zu können.

Ein nächstes neues Baugebiet, das zu meiner Zeit als Bürgermeister entstand, ist das recht innenstadtnahe gelegene Baugebiet „Am Park". Es liegt auf dem Gelände der ehemaligen Limbach-Fabrik, im nördlich gelegenen Hintergelände der Straße „Auf der Papagei", unterhalb des zwei Hektar großen Limbach-Parks mit seinen großen alten Bäumen, in der die ehemalige Villa des Firmeninhabers lag.

Das neue Wohngebiet auf dem Stallberg

Schon vor meiner Zeit als Bürgermeister bemühte ich mich darum, die kleine Produktionsstätte für feuerfeste Erden, die zur Auskleidung von Hochöfen benötigt wurden, aufzulassen, damit diese schön gelegene Fläche für den Wohnungsbau genutzt werden konnte. Ich verhandelte mehrere Male mit den Vertretern der Weltfirma Henkel in Düsseldorf, die die Limbach GmbH schon in den 80er Jahren aufgekauft hatten. Aber es dauerte noch etwa 15 Jahre, bis ein Siegburger Bauentwickler die Fläche aufkaufen und dort 40 ansprechende Einfamilienhäuser erstellen konnte. Sie werden von einer Stichstraße, von der Straße „Auf der Papagei" aus erschlossen, liegen also in einer von jeglichem Fremdverkehr freien, absolut ruhigen Wohnlage. Die meisten Häuser haben einen unverbaubaren Blick auf die Abtei auf dem Michaelsberg.

Damit gab es nur noch ein einziges innenstadtnahes Grundstück, das mit Wohnhäusern bebaut werden konnte, die Garagenhöfe im Hintergelände der unteren Zeithstraße, des Kleibergs und der Bahnlinie. Mehrere Male habe ich mit den Eigentümern versucht, dieses Filetgrundstück in der Innenstadt einer geeigneteren Nutzung zuzuführen. Vergeblich. Im Jahre 2010, also sechs Jahre nach meinem Ausscheiden als Bürgermeister, ist es einem Eigentümer gelungen, ein Teil des Gebietes zu kaufen. So kann er jetzt, etwa auf der Hälfte der Fläche, hochwertigen Wohnraum in der Innenstadt erstellen. 26 neue Wohnungen sind geplant, von der Zweizimmerwohnung für Senioren bis zur 150 m² großen Wohnung für größere Familien. Die Tiefgarage umfasst 38 Stellplätze.

Insgesamt wuchs die Stadt Siegburg in meiner Zeit als hauptamtlicher Bürgermeister um ca. 800 Wohneinheiten, 800 neue Wohnungen für meist junge Familien, aber auch für Senioren, die häufig aus dem Umland in die Stadt zogen, weil sie hier viel schöner und entspannter leben können.

Das neue Wohngebiet „Am Park" auf dem Gelände der alten Lichtenberg-Fabrik in Wolsdorf

Das neue Wohngebiet zwischen Bahnlinie und der Straße „Am Kleiberg"

DIE GESCHICHTE DER VERKEHRSKREISEL IN SIEGBURG

Es ist eine lange, eigentlich unrühmliche Geschichte, dass die Stadt Siegburg so lange auf die Anlage von Verkehrskreiseln gewartet hat. Im Nachbarland Frankreich gab es an den meisten Straßenkreuzungen seit den 60er Jahren die Verkehrskreisel, um den Verkehrsfluss zu fördern und die Einbiegungs- und Kreuzungsvorgänge der Fahrzeuge zu erleichtern. In Deutschland dagegen wurden diese sinnvollen Anlagen erst seit den 80er Jahren in größerem Umfang gebaut.

Wie konnte es nur zu dieser jahrzehntelangen Verzögerung in unserem doch als technikfreundlich bekannten Lande kommen? Es gibt für mich eine sehr einfache, aber einleuchtende Erklärung. Die Lobby der Ampelbauer war zu stark und hat sich bei den Politikern immer wieder durchgesetzt. Dabei muss man wissen, dass die Anlage einer Ampel je nach Größe der Kreuzung und der Bedeutung der einmündenden Straßen 100.000 bis 500.000 DM kostet. Das Entscheidende aber waren die „Folgekosten", vor allem die jährlich anfallenden Wartungskosten, die sich je nach Größe der Anlage auf 50.000 bis 150.000 DM jährlich beliefen. Das war bei den zahlreichen Ampelanlagen in der gesamten Bundesrepublik eine sichere und nicht zu unterschätzende Einnahme für gewisse Firmen. Für die Städte und Gemeinden und die übrigen Verkehrslastträger standen dann noch die jährlich anfallenden Stromkosten zu Buche, die die Gemeindehaushalte stark belasteten. In der Tat kein Wunder, dass sich hierzulande die „Ampeleritis " so lange hat halten können.

Als ich hauptamtlicher Bürgermeister geworden war, kümmerte ich mich darum den „Ampelunsinn" endlich langsam beenden zu können. Als Erstes bot sich die Kreuzung Frankfurter Straße/Händelstraße/Wilhelm-Ostwald-Straße im Ortsteil Deichhaus an, als hier an der Händelstraße ein neues Wohngebiet errichtet wurde. Beim Verkauf der städtischen Fläche wurde mit vereinbart, dass der Bauträger vor Baubeginn die bisher beampelte Straßenkreuzung zu einem Kreisverkehr umgestalten müsse. Allerdings hatten wir beim Bau dieser Anlage mit einigen Widerständen in der Bevölkerung zu rechnen. Zufälligerweise baute der Landschaftsverband Rheinland auf derselben Bundesstraße, der B 8, auf der anderen Siegseite, in Buisdorf, ebenfalls einen neuen Kreisverkehr. Die Bauzeit verlängerte sich von geplanten drei Monaten auf über acht Monate. Große Staus, vor allem in den Hauptverkehrszeiten, waren auf der wichtigen Verbindungsstraße von Siegburg nach Hennef die Folge. Und jetzt sollte auf dieser Strecke der nächste Kreisel gebaut werden. Der Unmut der Bevölkerung war zu spüren. Aber musste der Bau eines Verkehrskreisels wirklich so lange dauern? Was konnte man dagegen tun?

Als der Auftrag an die Firma vergeben war, versammelte ich alle mit dem Bau befassten Ingenieure in meinem Besprechungszimmer. Dann machte ich die Vorgabe: Der Kreisverkehr ist unter Beibehaltung des fließenden Verkehrs innerhalb von acht Wochen zu erstellen. „Strengt euch an, erstellt optimale Ablaufpläne und zeigt dem Landschaftsverband einmal, wie man einen Kreisverkehr nicht in acht Monaten, sondern in acht Wochen bauen kann." Natürlich erscholl mir jetzt entgegen: „Das geht nicht, das ist unmöglich, das hat noch keiner geschafft", usw. Genau eine Woche später legte ich die nächste Besprechung fest, um die ersten Ergebnisse für diesen Plan zu erhalten.

Was ich selbst nicht für möglich gehalten hätte, die Ingenieure hatten einen Ablaufplan erstellt, nach dem in 8 Wochen unter Beibehaltung des fließenden Verkehrs der Kreisverkehr gebaut werden konnte. Allerdings musste die tägliche Arbeitszeit um jeweils 2½ Stunden verlängert werden, und auch am Samstag musste durchgearbeitet werden. Diesen Überlegungen habe ich natürlich gerne zugestimmt. Auch war es klar, dass während der abschließenden Asphaltierung der neuen Verkehrsanlage der Verkehr nicht fließen konnte. Derartige Arbeiten haben wir hier erstmalig, in der Folgezeit immer, auf die verkehrsschwächsten Zeiten in der Woche gelegt, von Samstagnachmittag bis Montagmorgen, 6 Uhr.

Alle, die mit dieser Baumaßnahme befasst waren, waren hochmotiviert, alle haben ihr Bestes gegeben und haben den Zeitplan eingehalten. Sie wollten es der „Konkurrenz", dem Landschaftsverband, einmal zeigen, wie man gut und schnell arbeiten, wie man großen volkswirtschaftlichen Schaden verhindern kann, und dass man nicht immerfort durch Verzögerungen und Verhinderungen die Verkehrsteilnehmer zur Weißglut bringen muss.

Mit allen am Bau Beteiligten wurde zum Abschluss der Arbeiten zünftig gefeiert. Die Einweihung des Kreisverkehrs haben die Funken Blau-Weiß, die größte und älteste Siegburger Karnevalsgesellschaft, an einem Sonntagmorgen bei strahlendem Sonnenschein mit einigen ihrer berühmten Tänze mitgestaltet.

Auch der zweite in Siegburg erstellte Kreisverkehr war in vielerlei Hinsicht etwas Besonderes. Da an der Industriestraße ein neuer, großer Hit-Lebensmittelmarkt gebaut wurde, war im Bereich Wilhelmstraße in Richtung Umgehungsstraße, B 8, mit einem wesentlich größeren Verkehrsaufkommen zu rechnen. Das konnte die beampelte Kreuzung Wilhelmstraße/Am Hohen Ufer/Von-Stephan-Straße mit Sicherheit nicht mehr leisten. Ich schlug also vor, auch hier einen Kreisverkehr zu errichten. Das schien aber aus mehreren Gründen zunächst unmöglich zu sein. Einmal mussten wir von einem Anlieger, dem das Eckgrundstück Wilhelmstraße/von-Stephan-Straße gehört, ca. 5 m² erwerben. Er wollte aber partout nicht verkaufen. In zahlreichen äußerst schwierigen Verhandlungen gelang es mir dann doch, unter Einbeziehung nicht geringer finanzieller Mittel, ihn davon zu überzeugen, dass er die wenigen Quadratmeter zum Wohle der Stadt Siegburg, aber auch zum eigenen Wohle abgeben könne. Grundstücksmäßig konnte jetzt der Kreisel erstellt werden, aber es fehlte das Geld.

In der Kreis(el)stadt haben die Jecken „dubbelt Spass"

VERKEHR Mit ihrem närrischen Motto persiflieren die Funken Blau-Weiß Siegburgs neue Kreisel

SIEGBURG. „Das hier ist eine ganz tolle Sache. Wenn man nur sieht, wie flüssig der Verkehr jetzt läuft." Siegburgs Bürgermeister Rolf Krieger und sein Vize Franz Huhn sind einmal mehr auf gleicher Spur. Besonders freute die beiden, dass der Nährboden des Bürgermeister-Glückes nun in ihrem Besitz ist. Die Rede ist vom Kreisverkehr an der Frankfurter Straße, der am Sonntag offiziell an die Stadt übergeben wurde.

Um ihre Hälse hatte das Duo Krieger/Huhn das neue Objekt schon länger baumeln, in Form der Orden der Siegburger Funken Blau-Weiß. Neben den Bürgermeistern waren Bauherr Karl Schulte und die Funken gekommen, um die Übergabe zu feiern. Mit ihrem Motto »Jecke jöcke hin und her, han dubbelt Spass em Kreisverkehr« persiflieren die Funken auch diese Session wieder ein lokalpolitisches Thema.

„Wie Pilze aus dem Boden"

Für Siegburg ist dabei ein neuer Titel hinzu gekommen. Aus der Kreisstadt wurde kurzerhand die „Kreis(el)stadt", weil „hier die Kreisverkehre wie Pilze aus dem Boden schießen", erläuterte der neue Funken-Präsident Ferdi Büchel. „Wir Funken wollen damit zeigen, dass Karneval und Politik miteinander verbunden werden können."

„Jecke jöcke hin und her, han dubbelt Spass em Kreisverkehr." Den Spruch führen di Funken im Orden und machten es auch gleich vor. FOTOS: HOLGER ARND

Die Einweihung des Kreisels Frankfurter Straße

Eine solche Verkehrsanlage in einer durchschnittlichen Größe kostet um die 400.000 €. Das Geld stand aber nicht im Haushalt, es war also nicht vorhanden und so konnte der Kreisel auch nicht gebaut werden. Aber er musste gebaut werden und das in möglichst kurzer Frist. Und wieder hatte ich eine Idee: Wir, d.h. unser Baubetriebsamt, bauen den Kreisverkehr selbst! Wir lassen die Asphaltfläche so, wie sie ist und setzen in ihrer Mitte ca. 50 cm hohe Kunststoffelemente, die wir in einem Kreis anordnen. An den Straßeneinmündungen müssen wir dann mit unserer Straßenbaukolonne die Bürgersteige etwas anpassen, einige Bordsteine neu setzen und fertig ist der Kreisverkehr. Kosten für den städtischen Haushalt: keine. Die Mittel werden aus dem jährlichen Ansatz für Unterhaltung von Straßen, Wegen und Plätzen des Baubetriebsamtes genommen. Der Aufschrei im Fachamt war zunächst groß. Das ginge doch nicht, man könne doch nicht einfach auf eine Asphaltfläche Kunststoffelemente stellen, das Ganze sei Unsinn, man könne einem solchen Unterfangen unmöglich zustimmen. Ich ordnete an, für meine Überlegungen eine Durchführungsplanung möglichst kurzfristig zu erstellen und mit dem Bau zu beginnen. Mit einigen Bediensteten des Planungsamtes überlegten wir gemeinsam, mit welchem Material wir das Innere des aus den Kunststoffgliedern gebildeten Kreises mit ca. 8 m Durchmesser auffüllen konnten, denn die Kunststoffglieder mussten ja nach innen Halt haben, für den Fall, dass einmal ein Auto gegen sie führe. Wir dachten zunächst an abgerundeten weißen Kies. Wir ließen uns ein Angebot erstellen und erschraken sehr, als wir die Kosten erfuhren, ca. 40.000 €. Dieser weiße abgerundete Kies besteht nämlich aus gebrochenem Carrara-Marmor, der aus Italien importiert wird. Diese Summe war natürlich zu hoch. Wir einigten uns dann auf ganz normalen Bausand. Der war nicht teuer und leicht zu erhalten. Nachdem nach wenigen Wochen Bauzeit schließlich der Sand eingefüllt worden war, konnte der Kreisel „ins Rennen gehen".

Der preiswerteste Kreisverkehr in der gesamten Region war in kürzester Zeit erstellt worden, ohne den Einsatz von zusätzlichen Geldmitteln.

Wenige Tage nach Inbetriebnahme der neuen Verkehrsanlage kam mein damaliger Persönlicher Referent, der jetzige 1. Beigeordnete der Stadt Siegburg, Ralf Reudenbach, morgens zur Besprechung des anliegenden Tagesablaufes in mein Büro. Er erzählte mir, dass, nachdem er gesehen habe, dass sich einige Nachbarn Palmen in ihre Gärten gesetzt hätten, er auch eine für seinen Garten gekauft habe, dass es jetzt winterfeste Palmen gebe, die Frost bis -12 °C aushielten. Sie stammten aus Asien, aus größeren Höhen des Himalajas. Bei diesen Erläuterungen dachte ich sofort an den neuen Kreisel: Eine solche Palme mussten wir mitten in die Sandfläche unseres neuen Kreisels pflanzen. Umgehend telefonierte ich mit dem Geschäftsführer eines großen Siegburger Gartenbaucenters. Ja, er habe solche Palmen vorrätig, die größte sei etwa 2,50 m hoch. Ich solle sie mir doch einmal anschauen kommen. Sofort setzte ich mich ins Auto und fuhr zu ihm. Ich kaufte die Palme zu einem günstigen Preis und am Nachmittag desselben Tages wurde sie in die Mitte des Kreisverkehrs eingepflanzt. Siegburg hatte jetzt einen Palmenkreisel. Eine Mitarbeiterin des Planungsamtes sagte mir daraufhin: „Herr Krieger, zum Sand mit Palmen gehört auch ein Liegestuhl." Am nächsten Morgen brachte ein Mitarbeiter der Stadtverwaltung einen alten Liegestuhl mit und wir setzten ihn gemeinsam in den Sand neben unsere Palme. Die Strandidylle in Siegburg war perfekt. Nachdem noch die Zeitungen ausgiebig von dem neuen Palmenkreisel berichtet hatten, wurde er für die nächsten Tage und Wochen zu einer Touristenattraktion. Viele Siegburgerinnen und Siegburger, aber auch die Bewohnerinnen und Bewohner der umliegenden Orte wollten den Palmenkreisel einmal mit eigenen Augen sehen. Für einige Minuten oder gar Stunden wurde die neue Verkehrsanlage sogar zu einem Verkehrshindernis. Vor allen Dingen junge Leute fuhren in ihrem Auto immer wieder hupend um die Palme herum und verstopften dadurch den Kreisverkehr. Am nächsten Tag, es war schönes Wetter, fanden sich die ersten Jugendlichen auf dem Sand unter der Palme zu einer Party ein. Jeden Nachmittag und auch abends fanden jetzt bei schönem Wetter ausgiebige Feste unter der Palme statt. Wir hatten schon größte Sorgen wegen möglicher Unfallgefahren. Aber Gott sei Dank ist nichts passiert.

Selbst die Bild-Zeitung interessierte sich für den nicht alltäglichen Kreisverkehr. Sie brachte ein großes Foto mit dem Titel: „Der schönste Kreisverkehr im Rheinland". Auch sicherlich eine Anerkennung dafür, dass es wiederum gelungen war, mit unkonventionellen Ideen und mit wenig Geld eine gute Sache zu verwirklichen.

Es gibt noch eine schöne Geschichte, in deren Mittelpunkt der Siegburger Palmenkreisel steht. Siggi Klein, ein bekannter Siegburger Musiker, feierte seinen 50. Geburtstag und hatte viele Gäste, u.a. auch mich als Bürgermeister, in das „Alpenhaus" an der Sieg zur abendlichen Feier eingeladen. Siggi Kleins Hauptberuf war es, als Alleinunterhalter auf Kreuzfahrtschiffen hauptsächlich bei Fahrten in

Der Palmenkreisel in der Wilhelmstraße

der Karibik die Gäste zu unterhalten. Da sein Schiff zurzeit in einer Werft zur Überholung lag, hatte er auch den Kapitän und eine größere Anzahl der Kollegen seines Schiffes eingeladen. Sie waren von weither angereist, um den Geburtstag mit ihm und den anderen Gästen zu feiern. Diese Tatsache verkündete er stolz in seiner Begrüßungsrede. Danach war ich aufgerufen, ihm als Bürgermeister als erster der eingeladenen Gäste zu gratulieren. In meiner Rede erwähnte ich natürlich seine Verdienste um die Stadt Siegburg und dass er vielen Menschen mit seiner Musik immer wieder Freude bereite. Während der Rede fiel mir plötzlich ein, dass das Geburtstagskind in der Nähe des Palmenkreisels wohnte. Was lag also näher, als seine Fahrten in der Karibik mit dem Palmenkreisel zu verbinden. Und ich fuhr fort, dass, um das Geburtstagskind entsprechend zu ehren, und damit er nicht so sehr sein Schiff, das warme Meer und die Palmeninseln vermisse, die Stadt Siegburg ihm eine solche vor die Haustür gebaut habe. Der Beifall der Anwesenden war mir mit diesem Scherz sicher. Noch schöner war jedoch, dass die Schiffscrew das nicht glauben wollte, selbst als Siggi Klein ihnen mehrfach beteuerte, dass es wirklich so sei. Erst als sie nach Mitternacht alle gemeinsam zum Palmenkreisel gefahren waren und ihn in Augenschein genommen hatten, waren sie überzeugt. Ihr Kollege aus Siegburg war seitdem noch um ein Vielfaches in ihrer Achtung gestiegen.

Der Verkehrskreisel an der Einmündung der Theodor-Heuss-Straße in die Johannesstraße soll aus einem anderen Grunde besonders erwähnt werden. Es war der erste „Minikreisel", den die Stadt Siegburg gebaut hat. „Minikreisel" erstellt man dann, wenn für einen normalen großen Kreisel kein Platz zu Verfügung steht. Man hilft sich dann damit, dass man den inneren Kreis für LKWs überfahrbar macht. Nur die PKWs müssen sich wie in einem Kreisverkehr verhalten, die LKWs können wegen ihren weiteren Schleppkurven auch den inneren Teil überfahren. Ein solcher „Minikreisel" ist natürlich nur die zweitbeste Lösung, da er weniger leistungsfähig und deshalb immer kritischer zu betrachten ist als ein voll ausgebauter Verkehrskreisel.

Erschwerend kam hinzu, dass dieser neue Kreisel in nicht einmal 100 m Abstand zu der Straßenkreuzung Kaiserstraße/Heinrichstraße lag, beide Straßen zusammen mit der Johannesstraße viel befahrene Verkehrswege in der Innenstadt. Darüber hinaus gab es auch noch eine Bushaltestelle in dem kurzen Straßenstück der Johannesstraße zwischen Kreisel und Kaiserstraße, die wir nicht verlegen konnten. Bei jedem Bushalt, ca. alle 20 Minuten, wurde der Minikreisel zumindest in der Hauptverkehrszeit für jeweils ca. eine Minute blockiert. Aber die Alternative war eine herkömmliche Verkehrsampel, wie sie bisher an dieser Straßeneinmündung für lange Staus gesorgt hatte.

Mit Spannung erwarteten wir alle die Fertigstellung des neuen Minikreisels. Diese lag ausgerechnet zwei Wochen vor der Kommunalwahl. Das war schon ein großes Risiko, ein solch kritisches Bauwerk kurz vor einer Wahl dem Verkehr zu übergeben. Denn, wenn es nicht klappte, davon war ich überzeugt, würde die Opposition den amtierenden Bürgermeister in der Öffentlichkeit „zerreißen", ihn dafür verantwortlich machen und so versuchen, seine Wahlchancen zu minimieren. Gespannt stand ich an Ort und Stelle, als die Bauleute die Sperrschilder wegrückten und den neuen Minikreisel dem fließenden Verkehr übergaben. Was ich gehofft und erwartet hatte, trat ein. Nach gut einer Minute wusste ich: die neue Verkehrsanlage bringt eine wesentlich bessere Leistung als die alte Verkehrsampel. Niemand wird dich deshalb kritisieren.

Mit Lob kann man in einer solchen Situation sowieso nicht rechnen, hält es doch jeder für selbstverständlich, dass das, was von städtischer Seite unternommen wird, auch klappt. Aber gerade im Verkehrsbereich kann man nicht alles hundertprozentig genau berechnen und vorhersagen. Man muss sich auch auf die Erfahrung

Der Minikreisel in der Johannesstraße

verlassen und das eine oder andere Risiko eingehen.

Leider gibt es auch einen Verkehrskreisel in Siegburg, dessen Leistung absolut unzureichend ist. Es ist die Anlage an der Einmündung der Konrad-Adenauer-Allee in die Bonner Straße. Dieser Kreisel ist, weil sein Durchmesser zu gering ist, für die aufzunehmende Verkehrsmenge unterdimensioniert. Die Bonner Straße ist mit über 30.000 PKW-Einheiten pro Tag die meist befahrene Straße in Siegburg. Diesem Umstand hat man leider nicht Rechnung getragen. Es hat natürlich einen Grund, dass der planende Ingenieur den Kreisel nicht größer gemacht hat: Diese Verkehrsanlage, die zwar den Mindest-DIN-Maßen entspricht, ist in eine bestehende Grundwasserwanne eingepasst worden. Dadurch konnte sie nicht ausgedehnter gestaltet werden, oder die Wanne hätte aufgebrochen und mit großen Kosten erweitert werden müssen. Leider ist diese Entscheidungsalternative nicht an mich herangetragen worden. Ich hätte sonst mit Sicherheit die höheren Kosten in Kauf genommen, um an dieser neuralgischen Stelle den Verkehrsfluss zu optimieren. Ich bin der festen Überzeugung, dass man in Zukunft nicht umhin kommen wird, diesen Fehler zu korrigieren. Eine gewisse Verbesserung des jetzigen Zustandes wird jedoch auch dann eintreten, wenn die Konrad-Adenauer-Allee bahnparallel bis zur Umgehungsstraße, der autobahnmäßig ausgebauten B 56, verlängert ist. Aber diese Straße wird aus Geldmangel voraussichtlich leider noch einige Jahre auf sich warten lassen.

Dennoch sollte man auch hier feststellen, dass der bestehende neugebaute Verkehrskreisel in jedem Falle leistungsfähiger ist als eine herkömmliche Verkehrsampel, die sonst an seiner Stelle den Verkehr regeln müsste; die Wartezeiten wären mit Sicherheit noch wesentlich länger, als sie es heute sind.

Der Kreisel in der Bonner Straße

ZWEITER TEIL

DER 1. MÄRZ 1979
UND SEINE BEDEUTUNG FÜR SIEGBURG

Nicht einmal alle, die dabei gewesen sind, werden sich dessen bewusst sein: Der 1. März 1979 ist wahrscheinlich eines der wichtigsten, wenn nicht das wichtigste Datum in der Nachkriegsgeschichte von Siegburg; bestimmte es doch für Jahrzehnte, mittlerweile ein Dritteljahrhundert, die politische Gestaltung unserer Stadt.

Was ist an diesem Tag geschehen?
Die Schlagzeilen der Siegburger Zeitungen vom 2. März, dem Tag danach, geben eine erste Ahnung von der Bedeutung des Ereignisses: „Umschwung in der Siegburger CDU bei der Kandidatenwahl; Krieger-Block brachte bürgerlichem Lager Schlappe bei", so titelte die Rhein-Sieg-Rundschau. „Frontenkrieg in der CDU; die Siegburger Christdemokraten kämpften stundenlang verbissen um Direktkandidaturen", waren die Schlagzeilen im Rhein-Sieg-Anzeiger und der General Anzeiger Rhein-Sieg titelte: „Größte Parteiversammlung in Siegburg endete mit einem Debakel für Dr. Herkenrath; Zäsur im Leben der Kreisstadt?"

Ja, dieses Ereignis, dieser Tag, war die Zäsur im Leben der Kreisstadt nach dem Zweiten Weltkrieg. Nun, was ist denn an diesem Tage wirklich geschehen? Was soll denn die Welt in dieser rheinischen Mittelstadt so grundlegend verändert haben?

An diesen Abend wurde das Establishment, das diese Stadt geprägt hatte, das diese Stadt immer mehr verwaltet als gestaltet hatte, endgültig abgelöst und durch junge, kreative, in die Zukunft gewandte Menschen ersetzt.

Lassen wir noch ein wenig die Schlagzeilen der Siegburger Tageszeitungen aus den Wochenendausgaben des 3./4. März 1979 auf uns wirken: „die Palast-Revolution ist geglückt.", „Die Heerführer Krieger und Herkenrath mobilisierten ihre letzten Reserven" (General-Anzeiger), „Die Aufstellung der CDU-Kandidaten für den neuen Stadtrat hat die politische Szene in Siegburg verändert. Die junge Generation, die Progressiven und die Unzufriedenen, lösten die Bürgerlichen, die Konservativen und die Etablierten ab. Mit dem Sieg Rolf Kriegers und seiner Anhänger über das Herkenrath-Lager fand die jahrelange Gegnerschaft und Eskalation in der Partei, die Unsicherheit und Lähmung bewirkte, eine dramatische Zuspitzung". „Die Mehrheit steht hinter Rolf Krieger, eine Gefolgschaft von 15 Kandidaten; Herkenrath kann nur auf vier zählen" (Rhein-Sieg-Rundschau).

In der Tat: Die Mehrheit nicht nur in der CDU, sondern in der gesamten Bevölkerung, wie die späteren Wahlen zum Stadtrat in Siegburg immer wieder bewiesen, stand hinter meinen Freunden und mir. Uns traute man zu, den „Mief" aus den Kleidern der Stadt zu schütteln und sie fit zu machen für das Ende des

Jahrhunderts und den Beginn des neuen Jahrtausends. Uns war es gelungen, das Vertrauen der Siegburger Bevölkerung in immer stärkerem Maße zu gewinnen, denn gerade in der Politik, vor allem in der „hautnahen" Kommunalpolitik, gilt der Grundsatz am ehesten: An ihren Taten wird man sie erkennen.

Doch wie war es zu diesem 1. März 1979 gekommen? Wo waren die Ursprünge für die Palastrevolution, wo lagen die Gründe für die Gegnerschaft und Eskalation in der Partei? Der Gründe gibt es sicherlich im Einzelnen viele, aber vielleicht lassen sie sich alle doch auf einen Urgrund zurückführen: Wir, die Jungen, hatten uns alles in unserer Jugend hart erarbeiten müssen, unsere Eltern gehörten nicht zu den Reichen und Etablierten dieser Stadt, wir waren in jungen Jahren darauf angewiesen, dass wir anderen in ähnlichen Situationen halfen und dass uns geholfen wurde. Wir waren zu Teamarbeitern geworden. Auf uns konnte man sich verlassen, genauso wie wir uns auf andere verließen, die ähnlich dachten wie wir. Wir hatten in unserer Ausbildung und in unserem Studium etwas gelernt, was die Älteren vielleicht nicht so gelernt hatten: die Dinge vorurteilsfrei zu hinterfragen, zu prüfen und dann so sachlich wie möglich konstruktiv zu gestalten. Wir hatten den Eindruck, dass die Älteren, die Etablierten und Reichen der Meinung waren, dass sie, weil sie die Älteren, die Etablierten, die Reichen seien, aus diesem Grunde auch immer Recht hätten bzw. aus diesem Grunde dazu auserwählt seien, die Geschicke der Stadt Siegburg alleine bestimmen zu können und zu müssen.

Die meisten von uns, die in jungen Jahren sich in der CDU, in der Jungen Union, in der CDA, der Christlich Demokratischen Arbeitnehmerschaft, engagierten, kamen aus der katholischen Jugendarbeit. Wir fühlten uns von Anfang an christlichen und sozialen Werten verpflichtet und sahen diese durch die gesellschaftlichen Diskussionen in den 68er Jahren, die wir meist als Studenten oder Oberstufenschüler hautnah miterlebten, neu interpretiert. Unserer Gruppe stritt innerparteilich (Stichwort: Hamburger Parteitag 1973) für mehr Mitbestimmung, Vermögensbildung in Arbeitnehmerhand und Bodenreform. Kommunalpolitisch traten wir für Ziele ein, die das kommunalpolitische Programm der Siegburger CDU zur Wahl 1979 – nach der Kandidatenaufstellung vom 1. März formuliert – so beschrieb: Humane Stadtplanung – menschengerechter Autoverkehr, nicht verkehrsgerechte Stadt – konsequenter Umweltschutz – aktive kommunale Gesellschaftspolitik – mehr Bürgernähe von Rat und Verwaltung! Die Ansiedlung des Kaufhofs und die Schaffung der Fußgängerzone in Siegburg, all das war zum großen Teil unser Werk gewesen, all das hatten wir meist nach hartem politischen Kampf gegen die Etablierten durchsetzen müssen. Dabei waren wir oft angeeckt, hatten uns mit den „Altvorderen gefetzt" und hatten die Verwaltung wegen ihrer meist antiquierten Ansichten hart angreifen müssen. Das hatte uns verständlicherweise nicht bei allen beliebt gemacht. Aber wir fühlten uns auch verpflichtet, uns durchzusetzen. Was wäre aus Siegburg geworden, wenn der Kaufhof nicht entstanden, wenn die Fußgängerzone nicht gekommen, wenn der Schwerlastverkehr mitten durch die

Innenstadt geführt worden und der Ostring gebaut worden wäre? Weil wir überzeugt waren, für die richtige Sache einzutreten, und weil wir im Laufe der 70er Jahre gelernt hatten, dass es nicht nur darauf ankam, Recht zu haben, sondern es auch durchzusetzen, scheuten wir uns nicht, für unsere Überzeugungen zu kämpfen, anderen unsere Ansichten zu vermitteln, Gleichgesinnte zu sammeln, Mehrheiten zu bilden und „Macht"-Positionen anzustreben. Macht heißt „Machen-Können" und ist nichts Verwerfliches. Macht ist Voraussetzung für verantwortliche Gestaltung. Nur die richtige Gesinnung reicht nicht. Man muss auch Verantwortung übernehmen wollen, um das aus seiner Sicht Richtige zu tun.

Interessant in diesem Zusammenhang war auch noch, dass die Opposition im Siegburger Stadtrat meist mit den Etablierten gegen uns gemeinsame Sache machte. Aus der Rückschau glaube ich, dass fast alle selbst am liebsten zu den Etablierten gehört hätten. Anstatt uns, die Progressiven, zu unterstützen, mussten wir meist einen Zweifrontenkrieg führen: gegen die Opposition und gegen die Etablierten in unserer Partei.

DIE GRÜNDE,
DIE ZUM 1. MÄRZ 1979 FÜHRTEN

Schon in den gesamten 70er Jahren gab es eine Art Schwelbrand in der Siegburger CDU, sowohl in der Fraktion als auch im Vorstand, ja in der gesamten Partei. Im kommunalpolitischen Bereich ging es hauptsächlich um Planungsfragen, vor allen Dingen um Fragen der Verkehrsführung und der Verkehrsbewältigung in der Stadt. Die autogerechte Stadt oder die menschengerechte Stadt, das waren die großen Gegensätze, die im Raum standen. Wir, die Jüngeren und Progressiven, waren der traditionellen Stadt- und Verkehrsplanung, Gott sei Dank, um zehn Jahre voraus, und wir kämpften darum, dass unserer Heimatstadt Siegburg nicht noch im letzten Augenblick von der traditionellen Verkehrsplanung erreicht und damit für die nähere und fernere Zukunft endgültig zerstört wurde. Im Zusammenhang mit der Planung des stadtzerstörerischen Ostrings, über dessen erfolgreiche Bekämpfung ich schon an anderer Stelle berichtete, votierten die Stadtverwaltung und die Mehrheit im Rat für eine ähnlich unsinnige Planung. Der äußere Anlass war die Verbreiterung der Siegburg durchquerenden Autobahn, der A 3, von vier auf sechs Fahrspuren. Dazu sollte die sehr schmale, bereits bestehende Unterführung der Viehtrift, die unter dieser Autobahn hindurch führte, um eben diese Verbreiterung der zwei Fahrspuren verlängert werden. Was zunächst nicht klar war: Die Planung der Stadtverwaltung sah vor, als Zubringer zum innerstädtischen Ostring den Straßenzug „Viehtrift/Auf der Papagei" als Parallele zur Zeithstraße zu einer neuen, innerstädtischen Hauptverkehrsstraße auszubauen. Zunächst gab die Verwaltung im Planungsausschuss aber nur bekannt, dass im Zuge des Ausbaus der Autobahn die Unterführung der Viehtrift verlängert und verbreitert werden müsste, und dass, um die Zuschüsse des Landes und des Bundes dazu beantragen zu können, heute eine positive Entscheidung dazu fallen müsse. Da keine weiteren Angaben gemacht wurden, mir die Angelegenheit aber auch nicht ganz geheuer vorkam, enthielt ich mich mit drei weiteren Kollegen im Planungsausschuss der Stimme, stimmte also nicht zu, aber auch nicht dagegen. Diese Stimmenthaltung brachte mir in der Folgezeit noch gewaltigen Ärger ein.

Kurz darauf kam die Wahrheit ans Licht: die Absicht der Verwaltung, den Straßenzug zur Hauptverkehrsstraße auszubauen. Nur um die Verlängerung und Verbreiterung der Unterführung nicht in Gefahr zu bringen, hatte sie dies jedoch in der Ausschusssitzung verschwiegen. Als der geplante Ausbau der Straße „Viehtrift/Auf der Papagei" in der Öffentlichkeit bekannt wurde, ging ein Aufschrei der Entrüstung durch meinen Wahlbezirk, durch den der Straßenzug mitten hindurch verläuft. Es bildete sich umgehend eine Bürgerinitiative, um diesen unsinnigen Ausbau zu verhindern. Und ich als Wahlkreisinhaber hatte nicht dagegen gestimmt, so konnte es bei den treuen Wählern meines Wahlkreises ja erscheinen. Ich bin bis heute davon überzeugt, dass die Verwaltung, um unsere Zustimmung zu erschleichen, mit Absicht nichts vom Ausbau des Straßenzuges zu einer Hauptverkehrsstraße mitgeteilt hatte, als es um die Verlängerung der Unterführung ging. So wäre es ihr fast gelungen, den schärfsten Gegner des autogerechten Siegburgs in der Öffentlichkeit zu diskreditieren und als unglaubwürdig hinzustellen. Ich fühlte mich von der Verwaltung und den Kräften des Rates, die sie stützten, mit Absicht hinters Licht geführt. Das sollte nicht wieder vorkommen.

Zur nächsten Sitzung des Planungsausschusses lud ich als Vorsitzender das Fernstraßenneubauamt, das planende Ingenieurbüro und alle interessierten Bürger ein, um alle Details über die geplante neue Hauptverkehrsstraße und die Autobahnerweiterung zu erfahren. Und um sicherzustellen, dass niemand, wie beim letzten Mal, von der Verwaltung ausgetrickst wurde, nahm ich ein Tonbandgerät mit, um die Redebeiträge im Detail aufzuzeichnen. Da ich es für richtig hielt, dass eine öffentliche Sitzung auch aufgezeichnet werden dürfe, informierte ich vor Eintritt in die Sitzung die Ausschussmitglieder, die Verwaltung und alle Zuhörer von meinem Vorhaben. Ich hatte absolut nicht mit dem Sturm der Entrüstung, der mir seitens der Verwaltung und der Opposition entgegenschlug, gerechnet. Eine öffentliche Sitzung wortgetreu aufzuzeichnen, schien nach deren Aussagen eines der schlimmsten Verbrechen in unserer Demokratie zu sein. Ich konnte und wollte dies nicht einsehen. Aber um den Gegnern entgegenzukommen, brachte ich das Tonbandgerät zu einem der Zuhörer, damit dieser die Sitzung aufzeichnete. Doch der in der Sitzung anwesende Erste Beigeordnete der Stadt Siegburg, der spätere Stadtdirektor Dr. Konrad Machens, verhinderte auch dies; wie er erklärte, nicht als Frage der rechtlichen Zulässigkeit, sondern aus Gründen der „Unbefangenheit" der Debatte. Heute ist die rechtliche Zulässigkeit gesetzlich geregelt: Eine Aufzeichnung ist erlaubt, wenn die Betroffenen zustimmen. Schließlich gab ich als Vorsitzender des Ausschusses nach, eine Aufzeichnung der Sitzung unterblieb, und die Sitzung mit ihren wichtigen Inhalten konnte beginnen.

Die Resonanz auf mein Vorhaben in der örtlichen Presse war groß.

Leider verriss mich eine junge Redakteurin des Rhein-Sieg-Anzeigers in ihrem Kommentar, vor allem deshalb, weil sie, wie sie später zugab, die Vorgeschichte nicht kannte.

Diesen Kommentar und die darauf folgenden Leserbriefe meiner Freunde und mein eigener sowie ein einen Tag später folgender Leserbrief des Bürgermeisters werden hier im Wortlaut abgedruckt, um dem Leser die Bedeutung dieses Ereignisses für die weitere Entwicklung verständlich zu machen.

Rhein-Sieg-Anzeiger, 10.11.1976, Ulla Trobisch:
„Provokation

Zu weit gegangen ist der Vorsitzende des Planungsausschusses, Rolf Krieger, in der jüngsten Ausschusssitzung. Der CDU-Politiker provozierte den Ausschuss dermaßen, dass er sich den Vorwurf gefallen lassen muss, er habe seine Stellung als Vorsitzender missbraucht.

Zugute gehalten werden kann Krieger, dass er überzeugt war, er bestehe nur auf seinem Recht, zumal die Verwaltung keine Bestimmung gegen Tonbandaufzeichnungen nennen konnte. Dass er jedoch versuchte, sein Vorhaben durchzusetzen, erscheint mehr als nur fragwürdig zu sein. Hätte Krieger in den Reihen seiner Fraktionskollegen gesessen, wäre die Debatte wahrscheinlich nicht erst nach fast einer Stunde abgebrochen worden. Da er die Sitzung leitete, konnte er beliebig lange sein Rederecht in Anspruch nehmen.

Dass er ein Tonbandgerät einem Wolsdorfer gab, um so festzustellen, ob der Ausschuss wirklich einem Bürger das Recht auf Aufzeichnungen verwehre, kann nur als Missachtung des Ausschusses gewertet werden.

Bereits vorher war klar zu erkennen gewesen, dass Krieger als Ratsmitglied aus Wolsdorf ein besonderes Interesse an der Beratung über den Ausbau des Straßenzuges „Auf der Papagei und Viehtrift" hatte. Wenn er denn so tat, als wolle er als Vorsitzender grundsätzlich klären, ob einem Bürger ein Recht verwehrt werde, zwang er seine Gesprächspartner, bei einer Farce mitzuspielen. Freiwillig spielte der Wolsdorfer mit, der das Tonband entgegennahm. Dass dadurch der Eindruck entstehen konnte, Bürger und Vorsitzender hätten sich aus gemeinsamem Interesse heraus gegen den Ausschuss verbunden, hätte in erster Linie Krieger bedenken müssen. Doch der Christdemokrat ließ sich aus persönlichem Ärger zu einem Verhalten verleiten, dass bei einem Vorsitzenden nicht mehr vertretbar ist."

Rhein-Sieg-Anzeiger, 12.11.1976:
zum Kommentar von Ulla Trobisch „Provokation" erhielten die Zeitungen mehrere Zuschriften:

„Eine Provokation
Eine meines Erachtens unglaubliche Ansicht von Demokratie und Recht spricht aus dem Kommentar ihrer Mitarbeiterin Ulla Trobisch „Provokation". Auch wenn es rechtens war, auf den Tonbandaufzeichnungen zu bestehen („Das ist keine Frage der rechtlichen Zulässigkeit", so der Rechtsdezernent Dr. Machens, der es eigentlich wissen müsste, in der Sitzung), so kommt ihre Redakteurin zu dem Schluss: der Vorsitzende des Planungsausschusses hätte als Vorsitzender nicht auf seinem Recht bestehen dürfen; das sei ein Missbrauch seiner Stellung. Etwa nur deshalb, weil es einigen Ausschussmitgliedern nicht passte oder deshalb, weil sie die Befürchtung äußerten, einmal auf eine Aussage festgenagelt werden zu können?

Der Vorsitzende habe auch nicht die Probe aufs Exempel machen dürfen, zu erkunden, ob es wirklich Mitglieder demokratischer Parteien gebe, die es den Bürgern verwehren wollten, sich auch an Informationen aus einer öffentlichen Sitzung auch später noch genau zu erinnern. Das sei eine Verbindung gegen den Ausschuss, das sei ein Verhalten, das bei einem Vorsitzenden nicht mehr vertretbar sei.

Wir stellen erschreckt fest: eine Journalistin einer Zeitung, die sich überparteilich und unabhängig nennt, fordert einen Politiker auf, auf das Recht zu verzichten, sich an Informationen aus einer öffentlichen Sitzung auch in Zukunft genau erinnern zu können. Ich meine: das ist wirklich eine Provokation.
gez. Rolf Krieger"

„Verantwortungslos
Seltsam mutet einen der Kommentar „Provokation" ihrer Reporterin Ulla Trobisch an, vergleicht man ihn mit dem dazugehörigen Artikel. Steht in letzterem so ganz lapidar der Satz: außerdem sei zu befürchten, dass nicht jeder offen sprechen werde, wenn die Möglichkeit bestünde, dass er einmal auf eine Aussage festgenagelt werden könne, so vermisst man in dem Kommentar von Ulla Trobisch jedes Eingehen auf diese ungeheuerliche Aussage der SPD- und FDP-Stadtratsmitglieder, stattdessen muss man gewundene Erklärungen über das unbestrittene Recht eines Ausschussmitgliedes, Tonbandaufnahmen zu privaten Zwecken zu machen, lesen.

Offenbar hat Frau Trobisch den Kern der Diskussion nicht erkannt! Was sind das für Ratsmitglieder, die nicht zu ihren Aussagen stehen! Mit welcher Leichtfertigkeit reden diese denn in öffentlichen Sitzungen! Wieso scheuen Sie es, später möglicherweise einmal auf bestimmte Äußerungen angesprochen zu werden! Können diese Kollegen, ich bin selbst Ratsmitglied, von SPD und FDP das, was sie sagen, nicht begründen? Betreiben sie also nur ihr Geschäft als Ratsmitglied ohne Verantwortung? Diese Haltung nach dem Motto „Ich weiß nicht mehr, was ich eben gesagt habe" ist eine Beleidigung für jeden Bürger, der zur Kommunalwahl ging. Was soll man den jungen interessierten Menschen über die politische Praxis erzählen, wenn solche Sätze losgelassen werden!?

Das ist die Provokation jener Ausschusssitzung!
gez. Charly Halft"

„Gutes Recht
In ihrem Kommentar „Provokation" (Rhein-Sieg-Anzeiger, 10.11.76) kritisiert Frau Trobisch das Verhalten des Planungsausschussvorsitzenden Rolf Krieger in der Sitzung vom 8.11.76. Er „strapaziere den Ausschuss", sei „zu weit gegangen", „habe seine Stellung als Vorsitzender missbraucht". Dies sei „fragwürdiger Stil", „Missachtung des Ausschusses", „Verhalten, das bei einem Vorsitzenden nicht mehr vertretbar ist".

Zu den Vorgängen selbst: Rolf Krieger wollte die öffentliche Sitzung des Ausschusses auf Kassette aufzeichnen, um eine bessere Erinnerung an das Gesagte zu besitzen, zumal es um den Ausbau der Straßen „Auf der Papagei" und „Viehtrift" ging, der die Bürger des Wahlkreises von Rolf Krieger besonders betrifft. Dies ist ein durchaus positiv zu bewertendes und legitimes Interesse eines Bürgerschaftsvertreters. Der Rechtsbeigeordnete der Stadt, Dr. Machens, gab ja auch die Auskunft, dies sei „Keine Frage der rechtlichen Zulässigkeit". Er wandte sich nur deshalb gegen die Aufzeichnung, weil man dann nicht mal mehr „ein offenes Wörtchen" miteinander reden könnte. Meiner Meinung nach muss aber ein Ausschussmitglied und auch ein Mann der Verwaltung das, was er in öffentlicher Sitzung sagt, jederzeit vertreten können. SPD und FDP waren zunächst nicht gegen eine Aufzeichnung. Der FDP-Vertreter Esser verlangte, dass allen Ausschussmitgliedern und der Verwaltung auf Wunsch die Kassette zu Verfügung gestellt würde, womit Rolf Krieger sich sofort einverstanden erklärte. Der SPD-Vertreter, Müller, meinte, über solch grundsätzliche Neuerungen müsse erst im Rat entschieden werden. Er übersah dabei nur, dass es sich nicht um eine Aufzeichnung zu protokollarischen Zwecken, sondern um eine private handelte, die jedem zuhörenden Bürger möglich und erlaubt ist.

Um dies zu dokumentieren, stellte Rolf Krieger nach der Sitzungsunterbrechung (wonach SPD und FDP die Aufzeichnung ablehnten) das Gerät einem Bürger zu Verfügung. Ich kann in alledem keinen Grund für die erhobenen Vorwürfe sehen. Sollte dem Ausschussvorsitzenden denn eine Aufzeichnung einer öffentlichen Sitzung untersagt sein, während sie jedem anwesenden Bürger erlaubt ist?

gez. Jürgen Becker"

Zu diesen drei Leserbriefen erschien zwei Tage später, am 13. 11.1976, ein weiterer Leserbrief des amtierenden Bürgermeisters Adolf Herkenrath mit der bezeichnenden Überschrift: „Noch ein Nachspiel".

„Ich muss leider feststellen, dass die Kollegen Krieger, Becker und Halft ein unterentwickeltes Demokratieverständnis haben. Das Recht, das einem Ausschussmitglied zugebilligt wird, muss auch anderen zugestanden werden. Gerade für die Ausschüsse ist es wichtig, dass man sich in freier Rede und Widerrede austauschen kann. Die Arbeit in den Ausschüssen würde aber ganz erheblich leiden und jede vernünftige Beratung gestört, wenn ein Tonbandgerät zum Nutzen eines einzelnen Ratsmitgliedes installiert würde. Ein solches Tonbandgerät, sozusagen als Protokollarius, kann nur aufgrund eines Mehrheitsbeschlusses im Ausschuss aufgestellt werden.

Ich bin bestürzt über die Haltung der drei Ratskollegen. Der Fall wird innerparteilich noch ein Nachspiel haben.

gez. Dr. Adolf Herkenrath"

Damit hatte uns der Bürgermeister den Fehdehandschuh hingeworfen. Wir waren nun gespannt, was als Strafgericht alles auf uns zukommen sollte.

DIE AUSWIRKUNGEN DER „TONBANDAFFÄRE"

Der Leserbrief des Bürgermeisters mit den darin angekündigten innerparteilichen Konsequenzen war natürlich eine hervorragende Vorlage für die Opposition. Sie forderte in der nächsten Ratssitzung als Tagesordnungspunkt 1 meine Abwahl als Vorsitzender des Planungsausschusses und das in einer geheimen Abstimmung, weil sie erhoffte, dass einige meiner innerparteilichen Gegner dann mit ihnen stimmen würden. Diese Gefahr war natürlich nicht zu unterschätzen, da die innerparteilichen Gegner unter Führung des Bürgermeisters Adolf Herkenrath jetzt eine Chance sahen, mir und damit auch meinen Freunden einen entscheidenden Schlag zu versetzen.

In der Fraktionssitzung, die der Ratssitzung vorausging, wurde die Angelegenheit ausführlich debattiert. Ich selbst bot der Fraktion an, vor allem auch, um den Gegnern einen Erfolg zukommen zu lassen, von mir aus von meinem Amt als zweiter stellvertretender Fraktionsvorsitzender zurückzutreten, wenn man mir das Amt des Vorsitzenden des Planungsausschusses ließe. In einer geheimen Abstimmung folgten 20 Mitglieder dieser Lösung, 2 stimmten dagegen und 2 enthielten sich. Damit schien das Anliegen der SPD ohne Chance zu sein, besaß die CDU doch im Rat 25 Stimmen, die SPD 17 und die FDP 3. Selbst wenn die zwei Mitglieder, die in der Fraktion mit Nein gestimmt hatten, der Opposition wirklich in der geheimen Abstimmung ihre Stimme gäben, bedeutete dies also immer noch keine Mehrheit für den Abwahlantrag der Opposition.

Aber was wir in unserer Gutgläubigkeit und Naivität nicht für möglich gehalten hätten, trat ein. Die SPD gewann die geheime Abstimmung mit 23 zu 22 Stimmen. Drei unserer Mitglieder hatten bei der Abstimmung mit dem politischen Gegner gestimmt, um mich endlich von dem wichtigen Posten des Vorsitzenden des Planungsausschusses der Stadt Siegburg zu entfernen.

Wir hatten eine solche Unehrlichkeit und Gemeinheit unserer Fraktionskollegen nicht für möglich gehalten. Wir waren getroffen und geschockt. In der auf die Ratssitzung folgenden Nacht habe ich aus Wut und Verzweiflung, das gebe ich gerne zu, kein Auge schließen können. Aber ich gebe ebenso gerne zu, dass dies das einzige Mal in meiner politischen Laufbahn war, wahrscheinlich auch deshalb, weil ich nie wieder in meinem politischen Leben eine solche Enttäuschung erleben musste.

Ein Leserbrief vom Vorsitzenden des Gemeinnützigen Katholischen Siedlungswerkes Siegburg-Marienfried, Heinrich Krudewig, der in diesen Tagen erschien, verdeutlicht, wie die Menschen in meinem Wahlkreis über die Angelegenheit in jenen Tagen dachten.

„SPD wittert Morgenluft
Was ist geschehen? In der öffentlichen Sitzung des städtischen Planungsausschusses vom 8. November wurden Planungen besprochen, die für Wolsdorf, Viehtrift und besonders für die Siedlung Marienfried lebenswichtig sind. Mit diesen Planungen sind für viele Anlieger solche einschneidenden Maßnahmen verbunden, dass wir und auch Rolf Krieger glauben, diese nicht hinnehmen zu können. Niemand der Anlieger war von diesen Planungen der Stadt Siegburg unterrichtet worden. Rolf Krieger als Vorsitzender des Planungsausschusses hatte zu dieser öffentlichen Sitzung Herren des Fernstraßenneubauamtes, eines Ingenieurbüros, der Stadtverwaltung und interessierte Bürger eingeladen. Die Aussagen über mögliche Verbesserungen dieser Pläne seitens der Verantwortlichen auf Tonband festzuhalten, war die Absicht von Rolf Krieger. Ist das ein Verbrechen in einer öffentlichen Sitzung?

Nach einer Debatte und dem Einspruch von der SPD und von Herrn Beigeordneten Dr. Machens wurde das leider verhindert.

Nun wittert die SPD Morgenluft, den für sie unangenehmen Vorsitzenden Rolf Krieger abzuschießen. Wo bleibt da das demokratische Verständnis der SPD?
gez. Heinrich Krudewig"

In diesen schweren Tagen nach der Abwahl als Vorsitzender des städtischen Planungsausschusses gab es allerdings auch ermutigende Zeichen, vor allem von den CDU-Mitgliedern. In einer Mitgliederversammlung, in der die Delegierten für die nächsten Kreisparteitage gewählt wurden, erhielt ich mit Abstand die meisten Stimmen; ein persönlicher Erfolg und ein großer Vertrauensbeweis.

Unsere innerparteilichen Gegner hatten mit meiner Abwahl vom Vorsitz des Planungsausschusses zwar einen kurzfristigen Erfolg errungen, aber es gab auch viele Mitglieder in der Siegburger CDU, die unseren Kurs für richtig hielten und uns unterstützten. Hierauf galt es in der Folgezeit aufzubauen.

Wenige Monate vor der Kandidatenaufstellung für die nächste Kommunalwahl war die CDU in Siegburg zerrissen. Der tiefste Grund für diese Spaltung waren immer noch die unterschiedlichen Ansichten über die Verkehrsplanung: Die meisten Etablierten wollten die verkehrsgerechte, wir setzten uns für die menschengerechte Stadt ein.

Am Dienstag, dem 19. Dezember 1978, also nur wenige Tage vor Weihnachten, hatte die CDU Siegburg zu einer Mitgliederversammlung ins Schützenhaus eingeladen, um mit den zahlreich Erschienenen den neuen Flächennutzungsplan der Stadt, den Landesentwicklungsplan 4 und die Siegburger Finanzlage zu diskutieren.

Zu Beginn der Sitzung stellte der Vorsitzende der Mittelstandsvereinigung der CDU Siegburg den Antrag, zunächst den

Bürgermeisterkandidaten für die im nächsten Jahr stattfindende Kommunalwahl zu bestimmen. Da dieser Punkt nicht auf der Tagesordnung stand, gab es eine hitzige Diskussion von über 1½ Stunden über die Zulässigkeit und den Sinngehalt eines solchen Antrages, die schließlich erst damit beendet wurde, dass einem Antrag auf Schluss der Debatte mit Mehrheit stattgegeben wurde. Die Mittelstandsvereinigung forderte, im Hinblick auf die Kommunalwahl Geschlossenheit zu demonstrieren und eine lange Personaldebatte zu vermeiden. Die Gegner einer Änderung der Tagesordnung, vor allem die Mitglieder der Jungen Union, wiesen darauf hin, dass der CDU-Vorstand mit nur einer Gegenstimme beschlossen habe, die Kandidaten erst später aufzustellen. Sie sähen es als ein Zeichen der Schwäche an, wenn sich Herkenrath angesichts der großen Meinungsverschiedenheiten jetzt schon zum Spitzenkandidaten wählen lasse. Herkenrath selbst sprach sich für eine Abstimmung aus. Er erhielt als amtierender Bürgermeister nur 100 von 168 abgegebenen Stimmen, nicht einmal zwei Drittel, eher ein Misstrauens- als ein Vertrauensbeweis für einen Spitzenkandidaten.

Wir hatten natürlich in dieser Situation alle gegen Herkenrath gestimmt. Die Gegner „schäumten" vor Wut, hatten sie doch mit einer solch großen Anzahl von Gegenstimmen nicht gerechnet. Sie sannen auf Rache. Im nächsten Stadtrat sollten wir nicht mehr vorhanden sein. Wir, das waren vor allem die „aufmüpfigen" Personen: Rolf Krieger, Jürgen Becker und Charly Halft. Schon bald nach Weihnachten erfuhren wir, dass Herkenrath mit der SPD-Stadtratsfraktion um ein Fässchen Bier gewettet hatte, dass die drei dem nächsten Stadtrat mit Sicherheit nicht mehr angehören würden.

Als ich abends mit dem Wissen von Herkenraths Wette nach Hause kam, habe ich mit meiner Frau nach dem Essen eine Flasche Sekt getrunken, weil ich mir sicher war, dass ich bald gänzlich aus der Politik ausgeschieden sein würde, wieder Freizeit hätte und mich wieder verstärkt anderen schönen Dingen des Lebens zuwenden könnte. Gegen Herkenrath anzukommen, das schien unmöglich, dazu war er zu stark, zu sehr in der städtischen Gesellschaft verwurzelt. Aber sollte ich, sollten wir so einfach die Waffen strecken? Kämpften wir nicht für eine gute Sache, für die beste Entwicklung unsere Heimatstadt Siegburg? Wie ich schon darstellte: Wir sahen uns voll darin gerechtfertigt, für unsere inhaltlichen Positionen zu werben, Gleichgesinnte zu versammeln und Mehrheiten für uns und unsere Überzeugungen zu erstreiten.

Am nächsten Tag rief ich alle meine Freunde aus der Jungen Union zusammen. Wie so häufig trafen wir uns bei mir zu Hause. Ich erläuterte ihnen meinen Plan: „Ich hole jetzt bis zur Kandidatenaufstellung 150 neue CDU-Mitglieder." Dann müssten wir bei der Versammlung zur Aufstellung der Stadtratskandidaten genügend Stimmen auf unserer Seite haben, um unsere innerparteilichen Gegner zu schlagen und unsere eigenen Kandidaten durchzubringen.

150 neue CDU-Mitglieder in nicht einmal drei Monaten, das sei nicht möglich, war die übereinstimmende Meinung. „Du bist unrealistisch, du überschätzt dich, das schaffst du nie." „Ich schaffe das, und

vielleicht noch mehr als 150." Ich hatte mir Folgendes überlegt: Die Bürgerinitiative Viehtrift hatte inzwischen mehr als 400 Mitglieder. Fast alle wohnten in meinem Wahlkreis, in dem ich recht gut angesehen war. Mehr als 75% Unterstützung bei der Kommunalwahl waren ja nun ein guter Vertrauensbeweis für meine Arbeit und Wertschätzung. Und unsere Gegner wollten eine neue Hauptverkehrsstraße mitten durch unsere intakte dörfliche Wohngegend legen und unsere Idylle damit zerstören. Dafür würde ich genügend Menschen finden, die bereit wären, in die CDU einzutreten und den Mindestbeitrag, immerhin fast 100 DM im Jahr, zu bezahlen, bei der Kandidatenaufstellung mit abzustimmen und mit einer anderen CDU den Straßenbau abzuwenden.

Dazu kam, dass der von Bürgermeister Herkenrath für mich vorgesehene Gegenkandidat zwar auch in dem Wahlkreis wohnte, aber schon wesentlich älter und relativ unbekannt war. Damals, 1978/79, gab es in Siegburg noch viele Eckkneipen. Auch in meinem Wahlkreis gab es deren fünf, die ich auch alle relativ häufig aufsuchte, um von den Wirtinnen und Wirten das Neueste, vor allem aus dem Wahlkreis, zu erfahren, aber auch um zu hören, wie die Stimmung im Wahlkreis war und was man tun musste, um sie noch weiter zu verbessern. Mit allen Wirtinnen und Wirten stand ich mich gut. Dabei war meine Stammkneipe das mitten auf der Straße „Auf der Papagei", gegenüber meinem Geburtshaus gelegene „Warsteiner Eck". Mit dem Wirtsehepaar war ich so gut wie befreundet.

„Was, die wollen dich abschießen, den einzigen, der mit seinen Freunden für die Stadt und für unseren Wahlkreis etwas tut? Das werden wir sehen, die sollen sich warm anziehen", war die einhellige Meinung. „Wir machen alle mit. Gebt uns genügend Aufnahmeformulare", baten die Wirte. Und so erhielt jeder Wirt einen Packen von Aufnahmeanträgen für die CDU. Ich selbst sprach viele aus meinem Wahlkreis an und bat sie, auch wenn es relativ teuer war, doch für die gute Sache mitzumachen und CDU-Mitglied zu werden. Abends ging ich dann in den Kneipen vorbei und sammelte die ausgefüllten Anmeldeformulare ein. Anschließend besuchte ich die neuen Mitglieder, dankte ihnen für die Unterstützung und schwor sie auf die bevorstehende Abstimmung bei der Kandidatenaufstellung ein. Die Löschgruppe III der Feuerwehr Siegburg, die Wolsdorfer Löschgruppe, traditionell die größte der Siegburger Löschgruppen, trat fast geschlossen in die CDU ein, ebenso engagierten sich viele Mitglieder des Junggesellenvereins und der Männerreih Rosenhügel. Bald war die Zahl der avisierten 150 neuen Mitglieder überschritten.

Dann begingen wir, da wir in der Politik noch immer zu vertrauensselig waren, einen entscheidenden Fehler! Wir brachten dem Geschäftsführer der Partei, der die neuen Aufnahmen registrieren musste, einen Großteil der ausgefüllten Formulare ca. zwei Wochen vor dem 1. März, dem Datum der Aufstellungsversammlung, damit der Kreisgeschäftsstelle noch genügend Zeit blieb, die Anträge zu bearbeiten. Das erste, was der damalige Kreisgeschäftsführer tat, war, dass er Herkenrath umgehend anrief und ihm mitteilte, welche Gefahr auf ihn zukam.

Der Bürgermeister reagierte sofort. Er rief alle seine Freunde und Bekannten an und bat sie, ihm in dieser Situation zu helfen und möglichst umgehend noch möglichst viele neue CDU-Mitglieder zu werben, um ihn und seine Freunde zu „retten". Dem Vernehmen nach sollen unsere Gegner in dieser einen Woche noch rund 80 neue Mitglieder aufgenommen haben.

Gott sei Dank hatten wir zunächst nur die Hälfte der Aufnahmeformulare abgegeben, die zweite Hälfte erhielt der Kreisgeschäftsführer erst zwei Tage vor der entscheidenden Versammlung. Darauf konnte Herr Herkenrath nicht mehr ausreichend reagieren. Die Schlacht konnte beginnen. Jedenfalls war es den beiden Lagern gelungen, die Zahl der CDU-Mitglieder in Siegburg in kurzer Zeit auf eine nie mehr erreichte Rekordhöhe von über 900 Mitgliedern zu steigern.

DER TAG DER ENTSCHEIDUNG

Der Abend des 1. März 1979, der Abend der Kandidatenaufstellung für die Kommunalwahl am 1. September des Jahres, sollte die Entscheidung bringen. Es sollte der spannendste Abend werden, den die Parteienlandschaft bisher in Siegburg gesehen hat und wahrscheinlich in Zukunft nie mehr sehen wird.

Ich möchte im Folgenden aus dem Bericht des Chefredakteurs der Rhein-Sieg-Rundschau, Jochen Hildesheim, vom 2. März 1979, zitieren, denn dieser Bericht gibt die Spannung, die Ergebnisse und die Hintergründe dieses Abends so dramatisch und anschaulich wieder, wie ich sie selbst nicht schildern könnte.

„Der erste Wahlgang um 21.45 Uhr, eine Stunde nach der Eröffnung der größten Parteiversammlung, die es je in Siegburg gegeben hat, zeigte die Möglichkeit einer Änderung der Machtverhältnisse in der CDU an: Mit dem unerwartet klaren Vorsprung von 323 gegen 230 Stimmen bei 5 Enthaltungen und ungültigen Stimmen setzte sich bei der Aufstellung der Stadtratskandidaten gestern Abend im Wahlbezirke 1 Erich Nießen gegen Heinz-Jürgen Wurm durch.

Damit war die Testwahl des Abends, mit der die beiden unversöhnlichen Blöcke im CDU-Stadtverband Siegburg Aufschluss über ihre Stärke gewinnen wollten, eindeutig zu Gunsten der progressiven, jungen und unzufriedenen Parteimitglieder ausgegangen.

Erich Nießen (43), technischer Angestellter des Landschaftsverbandes Rheinland und Vorsitzender der Christlich Demokratischen Arbeitnehmerschaft in Siegburg, war bisher schon Stadtratsmitglied, aber das Lager der Bürgerlichen, Konservativen und Etablierten wollte ihn ablösen und den Regierungsdirektor im Bundesinnenministerium und stellvertretenden Ortsparteivorsitzenden Heinz-Jürgen Wurm (36) durchbringen.

Nachdem das Abstimmungsergebnis verkündet war, machte im Saal die Runde, was schon seit Tagen in der Stadt gemunkelt wurde: dass nunmehr auch die Position von Dr. h.c. Adolf Herkenrath (50) als Bürgermeister in Gefahr sei. Für die Kandidatur gegen Herkenrath und Platz eins der Reserveliste und um das Bürgermeisteramt hielt sich der Ministerialrat im Bundesministerium für Arbeit und Sozialordnung und Vorsitzende der CDU-Mittelstandsvereinigung im Rhein-Sieg-Kreis, Dr. Adolf Krebs (54), bereit, der in der Gruppe der Unzufriedenen einzuordnen ist, und als Bürgermeister dem Mittelstand in Siegburg wieder zu mehr Geltung verhelfen möchte.

Mit der Aufstellung der Kandidaten für den neuen Stadtrat, der am 30. September gewählt wird, fand die jahrelange Eskalation in der Siegburger CDU einen dramatischen Höhepunkt, dem unvorstellbare Anstrengungen der beiden gegnerischen Blöcke um die größtmögliche Gefolgschaft vorausgegangen waren. Die Werbeaktionen zeigten einen Erfolg, der als einmalig in die Parteigeschichte eingehen dürfte. Am 1. Februar zählte der CDU-Stadtverband Siegburg 677 Mitglieder. Diese Zahl stieg bis gestern Abend um 18 Uhr auf 922 und bis zum Beginn der Versammlung auf 930 bis 940. Noch in letzter Minute nahmen beide Seiten neue Mitglieder auf. Am Seiteneingang wurde der erste Mitgliedsbeitrag gezahlt. Der CDU-Kreisverband Rhein-Sieg übersprang durch diesen plötzlichen Zuwachs in Siegburg die Schallgrenze von 10.000 Mitgliedern.

Die Mehrzahl der 260 neuen Mitglieder wurde zwischen Weiberfastnacht und Aschermittwoch geworben, als der Endspurt im Gange war. Die Spannung in allen Kreisen der Siegburger CDU nahm beinahe von Stunde zu Stunde zu und beide Lager gaben sich zuversichtlich, schätzten die Mehrheit hinter sich – bis zuletzt."

(–) „Durch die gesamte Eingangshalle und draußen bis fast zur Elisabethstraße stand eine vierreihige Schlange, die auf Abfertigung und Einlass wartete.

Drinnen im Schützenhaus wurde es eng und enger. Für 532 Besucher ist der Saal zugelassen, bei Eröffnung der Versammlung wurden exakt 558 stimmberechtigte Mitglieder gezählt, und die absolute Teilnehmerzahl lag sicher bei fast 600."

In der Tat gab es die Absicht, aus feuerpolizeilichen Gründen den Saal zu sperren und die Versammlung aufzuheben. Nur dem Eingreifen des damaligen Stadtbrandmeisters Theo Mehlem, der zu meinen Freunden und Unterstützern zählte, war es zu verdanken, dass die Versammlung abgehalten werden konnte. Er machte geltend, dass wegen der Anwesenheit eines großen Teiles des Löschzuges 3 der Siegburger Feuerwehr, – die meisten neugeworbene CDU Mitglieder aus Wolsdorf, der Brandschutz gewährleistet werden könne.

„Es war die größte Parteiveranstaltung, die Siegburg je erlebt hat. Selbst der CDU-Bundesvorsitzende Helmut Kohl zog bei seinem Wahlkampfauftritt 1976 in der Kreisstadt nicht so viele Menschen an wie die Nominierung der CDU-Stadtratskandidaten.

Die Entscheidung über die Zukunft der CDU in Siegburg und über die Fortsetzung des alten oder über die Einführung eines neuen Kurses war auch die Entscheidung zwischen zwei Männern, die seit fast einem Jahrzehnt Intimfeinde sind: Bürgermeister Dr. h. c. Adolf Herkenrath (50), Bundesgeschäftsführer der Kommunalpolitischen Vereinigung von CDU und CSU in Bonn, und Rolf Krieger (38), Oberstudienrat am städtischen Gymnasium Zeithstraße. Deshalb ist in der Kreisstadt auch immer wieder die Rede vom Herkenrath- und vom Krieger-Block. Kriegers Anhang wirft der Herkenrath-Gruppe Fehlentwicklungen und Passivität vor. Der Streit zwischen den beiden Blöcken legte zuletzt fast die gesamte Partei- und parlamentarische Arbeit lahm.

Mit einer Verspätung von 75 Minuten konnte Parteichef Josef Delling endlich um 21.45 Uhr den Startschuss zum Kräftemessen geben. Er bezeichnete den großen Mitgliederzuwachs als erfreulich und bat die Neuen, ihre Interessen nicht auf diesen einen Abend zu beschränken." (–) „Ohne Aussprache über die Kandidaten ging es zur Wahl." (–) „Nach der Testwahl um den Kandidaten im Wahlbezirk 1 liefen auch die nächsten Abstimmungen zu Gunsten des Krieger-Blocks."

(–) „Einen knappen Sieg mit dem Bürgermeister-Bonus (289 gegen 262 Stimmen) errang Dr. h. c. Herkenrath im Wahlbezirk 6 (Ringstraße und Umgebung) gegen den Kreisvorsitzenden der Jungen Union, Michael Solf (32). Herkenrath war von seinem bisherigen Wahlbezirk in diesen Wahlbezirk ausgewichen."

Der Chefredakteur der Rhein-Sieg-Rundschau, Jochen Hildesheim, gibt den Bürgermeisterbonus als Grund für die knappe Niederlage von Michael Solf, einem meiner engsten Mitstreiter, an.

Es war 1.45 Uhr in der Nacht von Donnerstag auf Freitag, als die letzte der 23 Abstimmungen über die Direktkandidaten erfolgreich durchgeführt worden war. 435 von anfangs 558 Mitgliedern waren noch übriggeblieben. Zum großen Teil war die Versammlung in dem überfüllten Raum chaotisch verlaufen: So waren teilweise nach Schluss eines Wahlganges noch Stimmzettel ausgegeben und eingesammelt worden. Einzelne prominente Mitglieder von unseren Gegnern, die vorher schon angekündigt hatten, die durchgeführten Wahlen anzufechten, warfen für alle anderen gut sichtbar nicht nur ihren eignen, sondern mehrere ausgefüllte Stimmzettel in die Wahlurne.

Vor allem auf die mehrfache Stimmabgabe bei einem Wahlgang und auf die angezweifelte Stimmberechtigung vieler Mitglieder gründeten sich zahlreiche angekündigte Anfechtungen der Kandidatenaufstellung. In jedem Falle musste eine neue Mitgliederversammlung einberufen werden, da die Aufstellung der Reserveliste und die Nominierung der CDU-Kandidaten für den Kreistag aus Zeitgründen bei dieser Versammlung nicht mehr durchgeführt werden konnte.

Die Schlacht war geschlagen. Wir hatten erfolgreich abgeschnitten. „Die Mehrheit steht hinter Rolf Krieger; eine Gefolgschaft von 15 Kandidaten – Herkenrath kann nur auf 4 zählen" titelte die Rhein-Sieg-Rundschau. Der Kommentar des Chefredakteurs am Samstag, dem 3. März 1979, war überschrieben: „Das Ende einer Ära?" Dann folgte: „Die Aufstellung der CDU-Kandidaten für den neuen Stadtrat hat die politische Szene in Siegburg verändert. Die junge Generation, die Progressiven und die Unzufriedenen, lösten die Bürgerlichen, die Konservativen und die Etablierten ab. Mit dem Sieg Rolf Kriegers und seiner Anhänger über das Herkenrath-Lager fand die jahrelange Gegnerschaft und Eskalation in der Partei, die Unsicherheit und Lähmung bewirkte, eine dramatische Zuspitzung.

Geht die Herkenrath-Ära ganz zu Ende? Diese Frage beschäftigt Siegburg. Nach 14 Bürgermeisterjahren von Dr. h. c. Adolf Herkenrath (50) hält sich ein älterer Rivale, der beamtete Internist Dr. med. Adolf Krebs (54) bereit, ihn abzulösen. Der Krieger-Block erklärte Krebs zu seinem Favoriten.

Die Entscheidung fällt, wenn es um die Besetzung von Platz 1 der Reserveliste in der nächsten Mitgliederversammlung geht. Hält bis dahin die Mobilisierung an? Bringen die beiden Flügel noch mehr Gefolgsleute auf die Beine?"

Ja, wie geht es weiter? Wie konnte es, sollte es in dieser Situation weitergehen?

DIE WIEDERHOLUNG
DER KANDIDATENAUFSTELLUNG
NACH AUSGEHANDELTEM KOMPROMISS

Schon bald nach dem denkwürdigen Abend und der gewonnenen Schlacht waren wir uns unserer Verantwortung bewusst. In dieser besonderen Situation mussten wir auf unsere innerparteilichen Gegner zugehen und sie zu einem tragfähigen Kompromiss bewegen. Denn uns war klar, dass, wenn wir durchgezogen hätten, wir zwar alle Stadtratskandidaten von der CDU hätten stellen können, aber die innerparteilichen Gegner und ihre immer noch große Anhängerschaft uns, die offiziellen CDU-Kandidaten, dann nicht gewählt hätten und wir die Kommunalwahl dann voraussichtlich verloren hätten.

Dies wäre umso wahrscheinlicher geworden, weil sich zu dieser Zeit die bayerische CSU anschickte, auch in der Bundesrepublik außerhalb Bayerns Freundeskreise aufzubauen, um bei einer Ausdehnung der CSU auf das gesamte Bundesgebiet sofort agieren zu können. So gab es auch in Siegburg einen CSU-Freundeskreis um den Rechtsanwalt Dr. Günter Schodruch, der 10 Jahre später für die rechtsextreme Partei „die Republikaner" ins Europaparlament einziehen sollte.

Nach mehreren internen Vorbereitungsrunden trafen sich am Freitag, dem 16. März 1979, in der CDU-Kreisgeschäftsstelle die Vertreter der beiden Lager, um in Anwesenheit von drei prominenten Schlichtern, den beiden stellvertretenden CDU-Landesvorsitzenden Karl Lamers und Dr. Horst Waffenschmidt MdB sowie dem CDU-Kreisvorsitzenden Helmut Söntgerath, einen tragfähigen Kompromiss für die kommende Mitgliederversammlung und die Zukunft der Siegburger CDU auszuhandeln.

Meine Verhandlungsdelegation bestand neben mir aus unserem Bürgermeisterkandidaten Dr. Adolf Krebs, Jürgen Becker und Charly Halft. Adolf Herkenrath hatte den Parteivorsitzenden Josef Delling, Rechtsanwalt Dr. Hans-Werner Wollweber und Wolfgang Beule mitgebracht.

Die wichtigsten Ergebnisse des nach siebenstündigen Ringens erzielten „historischen" Kompromisses waren folgende:

1. Die juristisch angefochtene Mitgliederversammlung vom 1. März wird am 28. März zur Sicherheit wiederholt. Dabei werden die vor zweieinhalb Wochen aufgestellten 23 Direktkandidaten für die Stadtratswahl alle „en bloc" bestätigt. Dieses Vorgehen entspricht juristisch einer Neuwahl.

2. Herkenrath wird wieder Bürgermeisterkandidat, Dr. Adolf Krebs wird Kandidat für den Fraktionsvorsitz; er wird auf Platz 2 der Reserveliste gesetzt. Rolf Krieger erhält Platz 3 der

Reserveliste, der bisherige Fraktionsvorsitzende, Achim Worbs, Platz 4. Für die weiteren Plätze der Reserveliste wurde ein gemeinsamer Vorschlag erarbeitet.

3. Herkenrath verzichtete auf die Kreistagskandidatur. Er war zuvor Vorsitzender der Kreistagsfraktion gewesen. Statt seiner kandidiert Michael Solf, der unterlegene Gegenkandidat vom 1. März. (Mein Freund Michael Solf zog tatsächlich in den Kreistag ein, dem er bis heute angehört.)

Mit dieser Übereinkunft hofften wir wieder Geschlossenheit zu erreichen, die zu Beginn des Wahlkampfes unbedingt notwendig war, um am Wahltag, dem 30. September 1979, so gut wie möglich abzuschneiden.

Am Mittwoch, dem 28. März, erfolgte die Wiederholung der Kandidatenaufstellung für den Stadtrat. Der erneuten Einladung folgten immerhin 463 Parteimitglieder. Alle in der vorherigen Wahl aufgestellten Stadtratsmitglieder wurden bestätigt, ebenso die gemeinsame Empfehlung für die Reserveliste. Allerdings gab es auch eine Änderung des Vermittlungsvorschlages, den beide Lager ausgehandelt hatten: Als Kreistagskandidat setzte sich in einer Kampfabstimmung der langjährige Geschäftsführer der Kreistagsfraktion Clemens Bruch gegen den Parteivorsitzenden Josef Delling durch.

Die Gründung einer eigenen, sich aus der CDU abspaltenden Wählergruppierung wurde jedoch nicht verhindert. Ratsfrau Ilse Philipp, nicht wieder Direktkandidatin, beanspruchte einen bestimmten Reservelistenplatz, für den Dr. Hans-Werner Wollweber, Verhandlungsführer auf Herkenraths Seite, beim Kompromissvorschlag vorgesehen war. Wollweber bestand auf seinem Platz, und Ilse Philipp gründete die CSWU (Christlich-Soziale-Wähler-Union). Diese scheiterte an der Fünf-Prozent-Hürde. Ironie des Schicksals: Wäre sie auf dem ihr angebotenen Reservelistenplatz hinter Wollweber geblieben, wäre sie in den Stadtrat eingezogen.

DER NEUE CDU-VORSTAND

Zu dem historischen Kompromiss gehörte ebenfalls die Einigung über die Bildung eines neuen CDU-Vorstandes. Hier kam man nicht umhin, mich aufzufordern, dass ich mich in dieser Situation um dieses wichtigste Amt in der Siegburger CDU bewerben sollte.

Auch hier möchte ich den Chefredakteur der Rhein-Sieg-Rundschau, Jochen Hildesheim, wörtlich zitieren (Rhein-Sieg- Rundschau vom 21. Mai 1979):

„Bei der Mitgliederversammlung der Siegburger CDU am Dienstagabend wird die Macht endgültig auf den bisher oppositionellen Krieger-Block übergehen. Rolf Krieger selbst wird den Vorsitz im Stadtverband übernehmen. Sein Name vor allem steht für die dramatische Änderung der Kräfteverhältnisse bei der Kandidatenaufstellung für den neuen Stadtrat.

An Rolf Krieger als CDU-Vorsitzenden führt praktisch kein Weg vorbei. Nach der Entwicklung in den vergangenen Jahren ist er zur Übernahme dieses Amtes geradezu verpflichtet. Allerdings fallen dem 39-jährigen Oberstudienrat damit auch schwere Aufgaben zu: Er muss die zerstrittene Partei einigen, alle Gruppen und Grüppchen integrieren, Verärgerte neu begeistern, die Bürgerschaft überzeugen – und die Kommunalwahlen gewinnen. Dafür trägt er die gesamte Verantwortung."

Immerhin 180 Parteimitglieder folgten der Einladung zur Mitgliederversammlung für die Wahl des neuen Führungsgremiums. Ich wurde gewählt mit 139 Ja-Stimmen bei 23 Nein-Stimmen und 11 Enthaltungen. Stellvertretende Parteivorsitzende wurden, wie vorher abgesprochen, Clemens Bruch (129 Stimmen) und Doris Römer (117 Stimmen).

Die weiteren vier Positionen des engeren Vorstandes, erster und zweiter Schatzmeister und erster und zweiter Schriftführer besetzten engste Vertraute aus der Jungen Union, der Jugendorganisation der CDU.

Von den zwölf Beisitzern zählte ebenfalls etwa die Hälfte zu unseren Mitstreitern, so dass wir im neuen Vorstand über eine sichere Zweidrittelmehrheit verfügten.

Diese neue Machtverteilung spiegelte auch etwa unsere Position in der Siegburger CDU wider. Wie alle parteiinternen Wahlen in den folgenden Jahren zeigten, vertraute man uns, und unsere Mehrheit wurde von Jahr zu Jahr größer. Auch inhaltlich konnten wir unsere Vorstellungen durchsetzen. Auf Vorschlag einer Mitgliederkommission unter Leitung von Jürgen Becker wurde das Kommunalpolitische Programm verabschiedet, in dem unsere idealistischen Ziele für Siegburg festgeschrieben sind. Alle fünf Jahre vor den Kommunalwahlen wird es aktualisiert; in seinen Grundpositionen ist es seit damals, 1979, unverändert und ist Richtschnur für den politischen Kurs der Siegburger CDU.

Lassen Sie mich an dieser Stelle ein Resümee über meine 20-jährige Arbeit als Vorsitzender der Siegburger CDU ziehen. Bei allen meinen Erfolgen für die Stadt Siegburg besteht wahrscheinlich die größte Lebensleistung in meinem politischen Wirken darin, dass es mir gelungen ist, die restlos zerstrittene Partei in relativ kurzer Zeit wieder zu einigen und in den Folgejahren zu einer diskussionsfreudigen, kampfstarken, einigen, ja harmonischen politischen Gruppierung in Siegburg zu gestalten, die eher einer großen Familie oder einem Freundeskreis gleicht als einem herkömmlichen Parteiverband.

Noch heute, mehr als sieben Jahre nachdem ich den Parteivorsitz an meinen Freund Franz Huhn übergeben habe, gilt: Die CDU Siegburg ist der zahlenmäßig größte Stadtverband der CDU im Rhein-Sieg-Kreis, es ist der CDU-Verband, den man am besten mobilisieren kann, wenn es um die Aufstellung von Bundes- oder Landtagskandidaten geht, wie wir in der Vergangenhcit häufig genug bewiesen haben.

Dass die CDU-Mitgliederversammlung an dem Abend, an dem sie Franz Huhn mit großer Mehrheit zu meinem Nachfolger gewählt hat, mich einstimmig zu ihrem Ehrenvorsitzenden ernannt hat, hat mich sehr gefreut. Ein bisschen, so meine ich, hatte ich es auch verdient.

DIE KOMMUNALWAHL AM 30. SEPTEMBER 1979

Mit großer Spannung fieberten natürlich alle der Kommunalwahl am 30. September entgegen. Wie würden sich die Querelen, die im Frühjahr die CDU erschüttert hatten, auswirken? Die Oppositionsparteien, SPD, FDP und eine CSWU, die einige unzufriedene Abtrünnige der CDU in Siegburg gebildet hatten, waren sich sicher, endlich die absolute Mehrheit der Christdemokraten zu brechen. Ein solches Zerwürfnis konnte doch vom Wähler nicht unbestraft gelassen werden, so war ihre einhellige Meinung.

Aber die CDU hatte sich erstaunlich schnell wieder gefangen. Zumindest nach außen hin stellte sie sich in den letzten Monaten vor der Wahl als einheitliche, einige Partei vor. Und der neue Vorstand mit fleißigen, jungen und kompetenten Leuten kämpfte zusammen mit den Stadtratskandidaten um jede Wählerstimme. Mit schön gestalteten Plakaten und inhaltlich auf die Stadt Siegburg ausgerichteten farbigen Broschüren versuchten wir, die Wähler von der Richtigkeit der CDU-Politik zu überzeugen. Alle Kandidaten wurden gebeten, Hausbesuche zu machen und die Wahlberechtigten im Einzelgespräch davon zu überzeugen, dass nur die CDU mit ihrer neuen Politik die Stadt weiterbringen konnte.

Die Oppositionsparteien versuchten natürlich immer wieder, das alte Zerwürfnis in der CDU an der Oberfläche zu halten. Es gab kaum eine Broschüre von ihnen, in der sie bis zum Wahltag nicht immer wieder daran erinnerten, wie gespalten doch die CDU sein müsse, und dass man ausschließlich wegen des Machterhalts die alten Wunden nur äußerlich zugekleistert habe.

Würden die Wähler ihnen glauben oder könnten wir sie davon überzeugen, dass frische junge Kräfte die beste Wahl für die fortschrittliche Entwicklung der Stadt Siegburg waren?

„Kühler Herbst für die Union", „Erhebliche Verluste bei Kommunalwahl, absolute Mehrheiten gingen verloren", waren die Schlagzeilen der Rhein-Sieg-Rundschau am Montag nach der Wahl.

Auch die CDU in Siegburg hatte einige Prozent verloren, blieb aber mit rund 52% über der absoluten Mehrheit; die gegen die CDU angetretene Konkurrenzpartei CSWU erhielt mit 3,76% sogar noch mehr Stimmen, als die CDU im Vergleich zur letzten Wahl verloren hatte.

Die Rhein-Sieg-Rundschau schrieb über den Wahlausgang in Siegburg: „Als blendend kann die Siegburger CDU nach den schweren innerparteilichen Auseinandersetzungen und CSWU-Bildung ihr Wahlergebnis von 52,15%. ansehen. Ohne

Ilse Philipps CSWU, die nicht ins Rathaus einzieht, hätte vielleicht sogar noch ein besseres Resultat als 1975 erzielt werden können. Die CDU büßte nur einen Sitz ein, den die SPD bei gleichen Prozentanteilen wie vor vier Jahren dazu erhielt. Die Freien Demokraten verloren Wähler. Die Reformer unter den Siegburger Christdemokraten bekamen vom Wähler bestätigt, dass ihr Kurs richtig ist. Einsame Klasse der neue CDU-Boss Rolf Krieger bei der Kreistagswahl mit mehr als 57 Prozent und einer weiteren Steigerung gegenüber 1975 – entgegen dem Trend."

Am nächsten Tag titelte dieselbe Zeitung über die Kommunalwahl in der Kreisstadt Siegburg: „Bürger nahmen Reformkurs an". „Trotz einer Stimmeneinbuße von 3,2 Prozent gegenüber 1975, was den Verlust eines Sitzes im Stadtrat bedeutet, hat die CDU in Siegburg bei der Kommunalwahl „mehr erreicht, als wir uns versprechen konnten. So Rolf Krieger, Vorsitzender des CDU-Stadtverbandes.(…)

Nach Rolf Kriegers Ansicht wurde die CDU nur durch die CSWU daran gehindert, den größten Wahlsieg aller Zeiten in Siegburg zu erringen. Es habe sich gezeigt, dass der Kurs, den die reformerischen Kräfte in der Partei eingeschlagen hätten, der richtige gewesen sei."

Allen Unkenrufen zum Trotz hatten wir unser Ziel erreicht. Die Bevölkerung war uns gefolgt, sie unterstützte in ihrer Mehrheit den neuen, fortschrittlichen Kurs der CDU Siegburg.

Ich persönlich erhielt im Übrigen bei dieser Wahl in meinem Wolsdorfer Wahlbezirk mit über 67% der Stimmen das absolut beste aller Siegburger Ergebnisse.

DIE WAHL DES NEUEN STADTDIREKTORS IM JAHRE 1980

Das Jahr 1980 hätte für die CDU Siegburg auf der politischen Ebene eigentlich ein gutes Jahr werden können. Die Kommunalwahlen waren sicher gewonnen, der neue Vorstand war mit großer Mehrheit gebildet worden, das Krieger-Team hatte sich durchgesetzt und die überaus große Mehrzahl der Mitglieder stand hinter diesem Team. Die CDU-Fraktion im Stadtrat hatte die absolute Mehrheit, aber wegen der schwierigen Kandidatenaufstellung bestand die Fraktion ja leider immer noch aus zwei Gruppierungen.

Im Jahr 1980 stand die Neuwahl des Stadtdirektors an. Der alte Stadtdirektor, Dr. Norbert Jakobs, musste sich zwar offiziell wieder bewerben, um seiner Pensionsansprüche nicht verlustig zu gehen, aber er wusste, dass der Stadtrat einen neuen Stadtdirektor wählen wollte.

Wir, die Neuen, Progressiven, vielleicht auch Ungestümen wollten einen neuen Verwaltungschef, der zu uns passte und unsere Vorstellungen von guter Kommunalpolitik mit uns zusammen verwirklichen wollte. Eine solche Person zu finden, war nicht einfach.

Allen war bekannt, dass der damalige erste Beigeordnete, Dr. Konrad Machens, selbst CDU-Mitglied auch Ambitionen auf dieses Amt hegte. Aber für uns war auch er ein Verwaltungsbeamter alter Schule, der bei allen inhaltlichen Konflikten zwischen dem von der Bürgerschaft gewählten Rat und der hauptamtlich tätigen Verwaltung immer Position für letztere bezogen hatte, nicht nur bei den Auseinandersetzungen um den Ostring.

In dieser Situation kamen einige aus unserer Gruppe auf den Gedanken, dass ich doch die geeignetste Person für diese Position sei. Aber ich war ja kein Jurist, auch kein Verwaltungsbeamter. Jemand, der diese Voraussetzungen nicht erfüllte, konnte doch nicht geeignet sein, eine Stadtverwaltung zu führen und zu leiten. Zwar hatte man gerade im Nachbarort Lohmar einen neuen Gemeindedirektor gewählt, der kein Jurist war, aber er war doch wenigstens vorher Verwaltungsbeamter gewesen. Aber jemanden zu wählen, der weder das eine noch das andere war, das war doch unmöglich, undenkbar; solches nur in Erwägung zu ziehen, stellte für alle Stadt- und Gemeindedirektoren ein Sakrileg dar.

Dennoch waren wir so kühn, die Vorlage der Verwaltung für die Ausschreibung dahingehend mit unserer Mehrheit zu ändern, dass die Voraussetzung „Die Befähigung zum Richteramt oder zum höheren Verwaltungsdienst" gestrichen wurde und der Passus „Umfassende Kenntnisse und Erfahrungen auf allen Gebieten der

Kommunalverwaltung" ersetzt wurde durch „Erfahrungen auf allen Gebieten der kommunalen Selbstverwaltung". Diese Voraussetzungen konnte man mir als langjährigem Ratsmitglied und ehemaligem Vorsitzenden des Planungsausschusses in der Tat nicht absprechen.

Wie zu erwarten, ging ein Aufschrei der Entrüstung durch die hiesige Presselandschaft. Dass die beiden Oppositionsparteien, SPD und FDP, sich mit allen Mitteln gegen eine solche Perspektive stemmten, war sicherlich verständlich, dass aber die meisten Pressevertreter in die gleiche Kerbe hieben, war nicht unbedingt zu erwarten gewesen. Einige sahen die Demokratie schon in Gefahr.

So schnell es ging, wurde die untere staatliche Aufsichtsbehörde bemüht, dieses Vorhaben im Keim zu ersticken. Oberkreisdirektor Paul Kieras, ebenfalls ein Verwaltungsjurist von altem Schrot und Korn, beanstandete umgehend die Ausschreibung und wies den Rat an, in seiner nächsten Sitzung einen Text zu beschließen, in dem Verwaltungskenntnisse zur Bedingung gemacht wurden.

Zehn Jahre später änderte der Landtag von Nordrhein-Westfalen die Verfassung dahingehend, dass die beiden Funktionen, Leiter der Verwaltung und Repräsentant einer Gemeinde bzw. Stadt, in der Person des Bürgermeisters zusammengelegt wurden, so wie es in fast allen anderen Bundesländern seit eh und je festgeschrieben war.

War es ein Zufall oder eine Laune der Geschichte, dass ich in dieser Legislaturperiode selbst im Landtag von Nordrhein-Westfalen saß und diesen Beschluss mit fassen durfte, der es ermöglichte, dass auch ganz normale Leute wie ich zum Leiter einer Stadt und ihrer Verwaltung gewählt werden konnten, so wie es dann 1995, fünfzehn Jahre später, auch geschah.

Doch noch schrieben wir das Jahr 1980. Da ich nun durch eine Verfügung der unteren staatlichen Aufsichtsbehörde ausgeschieden war, gab es zunächst nur noch zwei Bewerber: Den alten Stadtdirektor wegen seiner Pensionsansprüche und den ersten Beigeordneten, weil er diese Position unbedingt erringen wollte, obwohl er wusste, dass er in der CDU-Fraktion keine Mehrheit besaß.

Der Vorstand der CDU-Fraktion fand schließlich einen Bewerber von außen, der die vorgeschriebenen Bedingungen erfüllte, übrigens auf Vorschlag und Vermittlung von Bürgermeister Adolf Herkenrath, der diesen Mann aus seiner beruflichen Position kannte. Herkenrath war damals Hauptgeschäftsführer der Kommunalpolitischen Vereinigung von CDU und CSU, einem Zusammenschluss aller Kommunalpolitiker der Union auf Bundesebene. Als solcher kannte er natürlich viele Menschen, die für das Amt eines Stadtdirektors in Betracht kamen. Der Bewerber war Jurist und Verwaltungsfachmann, Bürgermeister Helmut Günther aus Andernach, dort in Rheinland-Pfalz gleichzeitig hauptamtlicher Chef der Verwaltung. Nachdem er sich der CDU-Fraktion mehrmals vorgestellt hatte, wurde in der Fraktionssitzung vor der entscheidenden Ratssitzung eine geheime Abstimmung durchgeführt. Damit auch nicht im Entferntesten aus der Schrift zu erkennen sein sollte, wer wie abgestimmt habe, sollte nicht ja, nein oder Enthaltung auf die Stimmzettel geschrieben, sondern ein Plus- bzw. Minuszeichen für Zustimmung oder Ablehnung oder ein Kreis für Enthaltung gemalt werden. Die Abstimmung ergab bei einem Kreis sonst nur Pluszeichen. Das konnte ja nur heißen, dass bei der geheimen Wahl im Rat alle zustimmen würden, auch der eine, der sich enthalten hatte, denn sonst hätte er ja ein Minuszeichen auf den Stimmzettel geschrieben. Allerdings bekannte unmittelbar vor der Ratssitzung ein Fraktionsmitglied, dass es Dr. Machens wählen würde; ein anderer äußerte: „Ich treffe heute Abend meine Entscheidung". Auf die Frage, wie das gemeint sei, schwieg er. Angesichts dieser Situation konnte die Fraktion immer noch von der Wahl von Helmut Günther ausgehen, zumal ja die Auseinandersetzung mit Adolf Herkenrath dabei keine Rolle spielte, da er ja selbst den Kandidaten vorgeschlagen hatte.

Mit dieser Sicherheit gingen wir in die nun folgende Ratssitzung. Bei dem entsprechenden Tagesordnungspunkt schlug die CDU-Fraktion Helmut Günther als ihren Kandidaten für die Wahl zum neuen Stadtdirektor vor. Die SPD-Fraktion schlug dagegen das CDU-Mitglied Dr. Konrad Machens vor.

Mit Spannung verfolgten wir alle den Wahlvorgang, der wegen der Geheimhaltung natürlich in einer Wahlkabine durchgeführt wurde und dann die Auszählung. Das Ergebnis lautete: 25 zu 19, nicht für unseren Kandidaten, sondern für Dr. Machens. Unbeschreiblicher Jubel auf der einen Seite des Ratssaales, Entsetzen auf der anderen. Dr. Machens war zum neuen Stadtdirektor gewählt worden, mindestens fünf Mitglieder der CDU-Fraktion hatten mit der Opposition für deren Kandidaten gestimmt. Wir, die Unterlegenen, verließen umgehend den Raum und sammelten uns im Fraktionszimmer. Sechs unserer Fraktionsmitglieder blieben allerdings sitzen und kamen nicht mit uns, um unsere Wut und unsere Trauer zu teilen. Waren diese sechs die Abtrünnigen, die Kollaborateure, die mit der Opposition gestimmt hatten? Oder waren sie bloß sitzen geblieben, um eine Abstimmungsniederlage sozusagen für die Öffentlichkeit demokratisch zu verdauen? Naheliegender war natürlich, dass fünf dieser sechs wirklich die Abtrünnigen waren. Interessant war, dass einige dieser sechs Mitglieder des Kartellverbandes (CV), einer farbentragenden katholischen Studentenverbindung waren, der auch Dr. Machens angehörte. Die Rhein-Sieg-Rundschau schrieb, dass es kein Geheimnis sei, dass Siegburger Mitglieder dieses Kartellverbandes ihren Bundesbruder Dr. Konrad Machens als neuen Stadtdirektor sehen wollten und nicht Helmut Günther, der vor vielen Jahren aus dem CV verstoßen worden war.

Sei es wie es sei, für die CDU war diese Wahl eine riesengroße Blamage. Die Partei war noch immer nicht geeint, die Kandidatenaufstellung ein Jahr zurückliegend mit den verschiedenen Gruppierungen zeigte nach wie vor ihre Auswirkungen. Zwei der Abweichler, enge persönliche Freunde von Dr. Machens und Mitglieder des CV Kartellverbandes, hatten sich kurz vor der Abstimmung „geoutet". Sie hätten aus Überzeugung und aus Gewissensgründen für ihren Freund gestimmt. Den anderen Abweichlern konnte man ihre Tat nicht nachweisen. Da sie sich nicht zu erkennen gaben, verdächtigte man vielleicht auch den einen oder anderen Unschuldigen. In langen und „wüsten" Leserbriefen bekämpften sich in den folgenden Wochen die beteiligten Gruppierungen in der Öffentlichkeit.

Für uns junge Leute jedenfalls war diese Tat unfassbar: Eine große Stadtratsfraktion geradezu in einen Hinterhalt zu locken und in der Öffentlichkeit in einer solchen Art und Weise zu blamieren, das war aus unserem Werteverständnis heraus ein nicht mehr zu rechtfertigendes Verhalten, weder für die Akteure noch für den Begünstigten.

Natürlich musste das Fraktionsleben auch nach der Wahl des Stadtdirektors weitergehen. In der ersten Fraktionssitzung danach versprachen die beiden, die sich „geoutet" hatten, dass sie in Zukunft alle Mehrheitsentscheidungen der Fraktion mittragen würden und dass sie dafür sorgen würden, dass auch die anderen drei, die uns nicht bekannt waren, ebenso handelten.

Obwohl die Stimmung am Anfang sehr gespannt bzw. gereizt war, legte sich dies allmählich und der normale Fraktionsablauf hielt wieder Einzug, zumal in den Folgemonaten auch keine schwierigen Entscheidungen anstanden, die dic Fraktion wieder vor eine Zerreißprobe hätte stellen können.

Der neue Stadtdirektor musste notgedrungen auch von denen, die ihn nicht gewählt hatten, als Chef der Verwaltung akzeptiert werden. Er bemühte sich natürlich, seine Funktion so neutral wie möglich auszufüllen, um möglichst wenig Angriffsfläche zu bieten.

Auch das Parteileben ging nach einiger Zeit wieder seinen gewohnten Gang weiter.

DIE JAHRE NACH DEM HISTORISCHEN KOMPROMISS

WIE ICH ZUM EHRENAMTLICHEN BÜRGERMEISTER GEWÄHLT WURDE

Beim historischen Kompromiss im Jahre 1979 hatte Adolf Herkenrath seine Position als Bürgermeisterkandidat behalten. Wie schon an anderer Stelle gesagt, gewannen wir die Kommunalwahlen mit 52,41% der Stimmen und erhielten somit im Stadtrat wiederum die absolute Mehrheit. Adolf Herkenrath wurde vom Rat erneut zum Bürgermeister der Stadt Siegburg gewählt.

1980 wurde Adolf Herkenrath Mitglied des Deutschen Bundestages. Wir Siegburger hatten ihn bei der Kandidatenaufstellung im Wahlkreis unterstützt und zum Sieg über seinen innerparteilichen Konkurrenten verholfen. Aus der inhaltlichen Arbeit im Stadtrat zog er sich weitgehend zurück; er beschränkte sich auf die repräsentativen Aufgaben als ehrenamtlicher Bürgermeister. Das kam uns entgegen: Mit der Sacharbeit konnten wir in gefestigter Position unsere Überzeugungen wirksam umsetzen.

Auch bei der nachfolgenden Kommunalwahl am 30. September 1984 konnte die CDU mit 50,76% die absolute Mehrheit verteidigen, allerdings verlor sie 1,65 Prozentpunkte der Stimmen, die SPD verlor fast 3,5%, die FDP legte leicht auf 6,75% zu, die Grünen, die erstmals kandidierten, erreichten auf Anhieb 8,13%. Da Dr. Adolf Krebs aus dem Rat ausschied, übernahm Jürgen Becker das Amt des Fraktionsvorsitzenden, das er bis heute wahrnimmt.

Bei der nächsten Kommunalwahl am 2. Oktober 1989 gab es einen Schock: Die CDU verpasste mit 45,69% erstmals die absolute Mehrheit. Die SPD verlor mit 32,69% im Vergleich zur letzten Kommunalwahl noch einmal fast zwei Prozent, die FDP legte um 2% auf 8,8 Prozentpunkte zu, die Grünen erreichten mit 7,3% fast ein Prozent weniger als bei der letzten Wahl; großer Sieger war die neue Partei der Republikaner, eine rechtsextreme Partei. Sie bekam auf Anhieb 5,52%, wodurch sie mit zwei Mitgliedern in den neuen Stadtrat einzog. Der Wahlkampf war geprägt durch harte Kritik der Opposition an Bürgermeister Herkenrath. Einen Monat vor dem Wahltermin behandelte der Stadtrat sogar einen Abwahlantrag gegen ihn. Aus den verschiedensten Gründen war er in die Kritik geraten. Ein Thema seit vielen Jahren: Er hatte sich nicht von der berüchtigten Colonia Dignidad in Chile distanziert, die wegen ihrer Gräueltaten in die Schlagzeilen der Weltpresse gerückt war. Dieses Lager in Chile wurde von Mitgliedern einer deutschen Sekte geführt, die ihren Ursprung in Siegburg hatte – deshalb war dieses auch immer ein kommunales Thema gewesen. Gerade im Sommer 1989 kam es wieder in die internationalen Schlagzeilen, und Herkenrath fand sich zu keiner Verurteilung dieses Lagers bereit. Darüber hinaus hatte er dem Siegburger Rechtsanwalt Dr. Schodruch, der für die Republikaner – drei Monate vor der Kommunalwahl – in das Europaparlament gewählt worden war, öffentlich zu seiner Wahl gratuliert. Die Siegburger SPD, die Grünen und die FDP hatten aus diesen Gründen schon vor der Wahl ausgeschlossen, im neuen Stadtrat noch einmal für Herkenrath zu stimmen. Auch ein Mitglied der CDU-Fraktion verkündete nach der Stadtratswahl in der Öffentlichkeit, Adorf Herkenrath deshalb nicht mehr zum Bürgermeister wählen zu können. Viele in der CDU machten ihn dafür verantwortlich, dass die absolute Mehrheit verloren gegangen war und die Republikaner so erfolgreich abgeschnitten hatten.

Die Sitzverteilung im neuen Rat war: 21 CDU, 15 SPD, 4 Grüne, 3 FDP, 2 Republikaner. Bei 45 Ratsmitgliedern lag damit die absolute Mehrheit, die für die Wahl des Bürgermeisters notwendig war, bei 23 Stimmen. Adolf Herkenrath fehlten somit mindestens 3 Stimmen zu seiner Wiederwahl. Woher sollte er sie bei der geheimen Wahl im Stadtrat erhalten? Es gab keine Lösung! Adolf Herkenrath musste auf die Wiederwahl zum Bürgermeister nach 25 Jahren verzichten. Jürgen Becker, Charly Halft und ich sprachen mit ihm in seinem Dienstzimmer im Rathaus am Abend seiner Wiederkehr von einer Dienstreise als Bundestagsabgeordneter in die USA.

Adolf Herkenrath schlief eine Nacht darüber und teilte dann Jürgen Becker telefonisch mit, dass er sich nicht mehr zur Wiederwahl stellen werde. Wir beschlossen daraufhin, der Fraktion vorzuschlagen, dass ich für den ersten Bürgermeister kandidieren sollte, Charly Halft für den zweiten Stellvertreter. Mit der SPD wollten wir dahingehend verhandeln, dass wir bei Unterstützung unserer Vorschläge für Josef Bethan als den ersten stellvertretenden Bürgermeister wie bisher stimmen würden. So ist es denn geschehen. Nachdem auch meine Frau zugestimmt hatte, zehn Jahre zuvor hatte sie dies abgelehnt, konnte ich mich in der ersten Ratssitzung der neuen Legislaturperiode zur Wahl stellen. Josef Bethan wurde mit allen Stimmen der CDU- und der SPD-Fraktion zum ersten stellvertretenden Bürgermeister gewählt, Charly Halft zum zweiten Stellvertreter und ich zum ersten Bürgermeister der Stadt Siegburg.

Ich weiß nicht, ob man es mir abnimmt: Bewusst angestrebt hatte ich diese Funktion nie. Aber nach den Ereignissen der letzten zehn Jahre war mir dieses Amt irgendwie zugefallen. Ich musste mich der Aufgabe stellen und versuchen, sie so gut wie irgend möglich zu erfüllen.

Das war gar nicht so einfach, weder inhaltlich noch zeitlich. Zwar hatte der Bürgermeister zur damaligen Zeit offiziell nur eine repräsentative Funktion in der Gemeinde, aber er musste sich dennoch um vieles andere kümmern, musste alle wichtigen Schriftstücke durchlesen und durcharbeiten, musste mit dem Stadtdirektor regelmäßige Gespräche über die wichtigsten Anliegen führen und musste mit ihm gemeinsam überlegen, wie die wichtigen Dinge zu regeln waren und was dem Rat zur Entscheidung vorgelegt werden sollte. Es oblag ihm, die Tagesordnung des Rates und des Haupt- und Finanzausschusses festzulegen, alle anderen Ausschüsse durchzuarbeiten und abzuzeichnen, d.h. er musste sich mit allen Inhalten genauestens vertraut machen, denn mit seiner Unterschrift musste er „den Kopf" für die Richtigkeit jeder Vorlage „hinhalten". Das alles kostete eine Unmenge Zeit, die man in seinem Büro verbringen musste. Die neue Tätigkeit musste mit dem Beruf und mit der Familie in Einklang gebracht werden. Doch war das überhaupt möglich? Es war zumindest nicht einfach. Vor allem bei dem Beruf, den ich zu dieser Zeit ausübte. Ich war Studiendirektor am städtischen Anno-Gymnasium und hatte jeden Tag und jede Woche eine Menge Stunden zu unterrichten. Zwar fand zur damaligen Zeit der Unterricht für einen Lehrer mit den Fächern Französisch und Geografie ausschließlich in den Vormittagsstunden bis 13 Uhr statt, doch auch in dieser Zeit gab es Bürgermeistertermine, die ich wahrnehmen musste. So z.B. wichtige Gespräche in der Landesregierung oder beim Regierungspräsidenten, die von diesen festgelegt wurden und die man nicht anders terminieren konnte mit dem Hinweis darauf, man sei Lehrer und könne am Vormittag nicht. Auch konnte man zu diesen Terminen keinen der Stellvertreter schicken, denn bei solchen Institutionen musste der Bürgermeister in Person erscheinen. Darüber hinaus gab es aber auch Repräsentationstermine, die man selbst wahrnehmen musste, z.B. Beerdigungen oder Jubiläen. Wenn man zu solchen Anlässen einen der Stellvertreter schickte, waren die Betroffenen häufig enttäuscht und ließen einen wissen, dass man den Bürgermeister erwartet habe und nicht einen seiner Stellvertreter. Dafür sei man schließlich gewählt worden. Auf der anderen Seite fanden diese Termine sehr häufig am Vormittag statt. So bat ich meinen Schulleiter, wenn eben möglich, mir die Zeit von 10.45 Uhr bis 12.15 Uhr, also bis zur letzten Stunde, vom Unterricht freizuhalten, damit für die Schüler keine Schulstunde ausfiele. Aber leider war dies nicht immer zu verhindern. Dann hatte ich ein doppelt schlechtes Gewissen: Einmal weil die Schüler in dieser Zeit, wo ich nicht da war, in ihrem Lehrstoff nicht weiter kamen, zum andern aber auch, weil dann eine der Kolleginnen oder einer der Kollegen eine Vertretungsstunde halten musste. Auch die Schüler selbst und die Eltern murrten verständlicherweise, wenn dies häufiger vorkam. Im Grunde war dieser Zustand nicht gut, aber es gab auch keine andere zufriedenstellende Lösung.

Auch mit der Familie musste das Amt des Bürgermeisters, so gut es ging, in Übereinstimmung gebracht werden. Morgens gelang es meist noch, das Frühstück mit der Ehefrau und den Kindern gemeinsam einzunehmen, bevor diese um 8 Uhr in die Schule mussten. Auch zum Mittagessen konnte ich meist nach Hause kommen. Danach sah ich Kinder und Frau meist bis zum nächsten Tage nicht mehr, weil der Arbeitstag im Normalfalle bis 23 oder gar 24 Uhr dauerte. Einmal waren da die von der Arbeitszeit her nicht zu unterschätzenden Vor- und Nachbereitungen für die Schulstunden und die Korrekturen der Klassenarbeiten, die ich meist in meinem Büro im Rathaus am Nachmittag und am frühen Abend oder an den Wochenenden auch zu Hause durchführte. Dazu kamen dann vor allem am späten Nachmittag die zahlreichen Ausschusssitzungen sowie der Haupt-

und Finanzausschuss und die Ratssitzungen, bei denen der Bürgermeister automatisch Vorsitzender ist und die man deshalb besonders gründlich vorbereiten und als Vorsitzender leiten musste. Darüber hinaus gab es natürlich an den Abenden viele repräsentative Termine, bei denen der Bürgermeister erwartet wurde, anlässlich derer er meist eine kurze Ansprache halten musste, die natürlich wiederum vorbereitet zu werden hatte. Aus diesen wenigen Zeilen geht schon hervor, wie ungeheuer zeitaufwändig ein solches Amt ist und dass es fast übermenschlicher Kräfte bedarf, um eine solche Tätigkeit ehrenamtlich ausführen zu können. Zudem steht man fortwährend in der Öffentlichkeit und damit in der öffentlichen Kritik.

Meine Wahl in den Landtag im Frühjahr 1990 war deshalb für mich, aber auch für das Amt eine wesentliche Erleichterung. Zwar musste ich jetzt jede zweite Woche an vier Wochentagen nach Düsseldorf fahren, aber es konnten dort keine Schulstunden mehr ausfallen und Schüler und Eltern brauchten sich nicht mehr mit Recht zu beschweren. Dafür musste ich mich jetzt häufig zwischen Siegburg und Düsseldorf entscheiden. Zwar muss ein Abgeordneter nicht ständig im Parlament anwesend sein, aber die Mitglieder müssen sich an Parlamentstagen dreimal, zwischen 10 und 13 Uhr, zwischen 13 und 17 Uhr und nach 17 Uhr in eine Anwesenheitsliste eintragen. War die Unterschrift nicht vorhanden, gab es entsprechende Geldabzüge. Ich musste dies das ein oder andere Mal in Kauf nehmen, vor allem für die vormittäglichen Repräsentationstermine. Auch eine versäumte namentliche Abstimmung wurde entsprechend belastet. Anträge auf namentliche Abstimmung wurden häufig in den Abendstunden nach stundenlangen Diskussionen gestellt, vor allem, um die Abgeordneten, die die Regierung stellten – zu meiner Zeit waren das die SPD und die Grünen – zu zwingen, sich mit ihren Namen zu unpopulären Gesetzen zu bekennen. Wenn man bei einer solchen Abstimmung auch als Oppositionspolitiker fehlte, wurde das natürlich bei den eigenen Leuten ebenfalls nicht gerne gesehen. Aber was sollte man machen, wenn zur gleichen Zeit in Siegburg um 18 Uhr die Ratssitzung oder der Haupt- und Finanzausschuss begann? Dann musste man spätestens um 17 Uhr so schnell wie möglich nach Siegburg „düsen", um möglichst noch vor 18 Uhr im Ratssaal zu sein, wo man zur Sitzungsleitung erwartet wurde. Das war häufig nicht wenig stressig und nichts für schwache Nerven.

DIE GEBURT DER „SIEGBURGPARTEI"

WIE ICH HAUPTAMTLICHER BÜRGERMEISTER WURDE

Nichts für schwache Nerven war die ganze Ratsperiode 1989 bis 1994. Da die Siegburger CDU die absolute Mehrheit nicht erreicht hatte, gab es unklare Verhältnisse. Wir versuchten, das Beste für eine Umsetzung unserer politischen Vorstellungen herauszuholen. Das gelang zunächst ganz gut. Bei meiner Wahl zum Bürgermeister stimmte die SPD mit; den Haushalt für das Jahr 1990 verabschiedeten wir zusammen mit den Grünen; gemeinsam mit der FDP trafen wir etliche gewichtige Sachentscheidungen.

Der Umstand, dass die CDU die Mehrheit verloren hatte, aber dennoch erfolgreich ihre Politik durchsetzen konnte, verärgerte die anderen Parteien mehr und mehr. So schlossen sich SPD, FDP und Grüne zusammen und nahmen sich vor, nicht mehr mit der CDU zu kooperieren. Allerdings standen sie vor der Schwierigkeit, dass sie auch zusammen über keine eigene Mehrheit im Stadtrat verfügten: Sie hatten 22 Sitze, die CDU 21, die Republikaner 2. Und das Ungeheuerliche, womit niemand gerechnet hatte, geschah: Es kam zu – offensichtlich abgesprochenen – Mehrheitsbildungen von SPD, FDP, Grünen und rechtsradikalen, bundesweit geächteten Republikanern. Die Siegburger CDU attackierte diese Zusammenarbeit als „buntes Bündnis mit brauner Klammer".

Die Attacke verfehlte ihre Wirkung nicht. Und als dann eines der beiden Ratsmitglieder der Republikaner dieser Partei den Rücken kehrte, deren Parteiprogramm abschwor und bei der CDU-Fraktion hospitierte, wandte sich dann schließlich die FDP – auch unter dem Druck ihrer eigenen Klientel – von diesem kuriosen Bündnis ab und arbeitete den Rest der Ratsperiode mit der CDU zusammen.

Es kehrte dennoch keine Ruhe ein. Die Auseinandersetzungen blieben heftig, die Ratssitzungen dauerten bis weit nach Mitternacht, die Verwaltung mit dem Stadtdirektor versuchte aus den unklaren Verhältnissen ihre machtvolle Position auszunutzen. Adolf Herkenrath hatte mittlerweile seinen Ratssitz auf eigenen Wunsch niedergelegt. Aber bei einem kleinen, angesichts der Umstände dennoch entscheidenden Teil der CDU-Fraktion rührten sich insgeheim Widerspruchsgeist und Neid.

Obwohl CDU und FDP dann in der Schlussphase dieser Ratsperiode eigentlich eine Mehrheit besaßen, gingen urplötzlich Abstimmungen verloren. SPD und Grüne hatten geheime Abstimmungen beantragt; CDU und FDP fehlten dabei oft zwei Stimmen. Offensichtlich gab es verdeckte Kooperationen. Die Ratssitzungen mit vielen Einzelabstimmungen – davon etliche geheim – dauerten immer länger. Es herrschte angesichts des politischen Durcheinanders ein reines Tohuwabohu.

Bei der Kandidatenaufstellung der Siegburger CDU zur Kommunalwahl 1994 fanden Charly Halft und Hans-Günther Burgwinkel keine Mehrheit. Während Burgwinkel in der Partei blieb, sich in der Mittelstandsvereinigung engagierte und deren Kreisvorsitzender wurde, gründete Halft eine eigene Wählervereinigung.

Die Kommunalwahl war spannend. Mit den Republikanern, Halfts Wählervereinigung, zudem einer Wählervereinigung, die sich von der FDP abspaltete, und den übrigen Parteien, traten sieben Gruppierungen an. Würde es der Siegburger CDU gelingen, die absolute Mehrheit zurückzuerobern? In einer Kommunalwahl, die gleichzeitig mit der Bundestagswahl stattfinden würde, bei der die CDU schlechte Umfragewerte im Vorfeld aufwies? Bei der mit Halfts Wählervereinigung ein ernst zu nehmender Faktor auftauchte?

Wir versuchten uns, in deren Lage zu versetzen und zu ergründen, mit welchen Parolen und Slogans sie wohl antreten würden. Damals war die sogenannte „Stadtpartei" als Außenseiter in die Hamburger Bürgerschaft eingezogen. Wir kamen bei unseren Überlegungen zu dem Schluss, dass es am gefährlichsten wäre, wenn diese Wählervereinigung unter dem Namen „Siegburgpartei" anträte. Jürgen Beckers Vorschlag war es, diesen Begriff sofort selbst zu besetzen. So taten wir es. Plakate auf unseren Dreiecksständern zunächst nur in himmelblauer Farbe, ohne jeglichen Text! Dann 14 Tage später mit dem Hinweis: „Wir sind die Siegburgpartei!" Dann weitere 14 Tage später die für die Öffentlichkeit und viele spekulierende Insider verblüffende Aufklärung auf den Plakaten: „Die Siegburger CDU – die Siegburgpartei!" Fortan wurde „Die Siegburgpartei" zum ständigen Attribut unserer Selbstdarstellung: Aussage darüber, dass uns das kommunalpolitische Engagement für unsere Heimatstadt über alles geht.

Die Sensation geschah: mit knapp 49% holte die Siegburger CDU die absolute Mehrheit der Mandate im Stadtrat zurück: FDP, Republikaner und die neuen Wählervereinigungen scheiterten an der Fünfprozenthürde Wir hatten einen aufwändigen, engagierten Kommunalwahlkampf geführt mit besonderen Einfällen, von denen ich einen später noch schildern werde. Aber auch die gleichzeitig stattfindende Bundestagswahl mit ihrer hohen Wahlbeteiligung trug zum Erfolg bei, der scheinbare Nachteil hatte sich in einen Vorteil verwandelt. Wir hatten das Glück des Tüchtigen.

Inzwischen hatte der Landtag von Nordrhein-Westfalen, dem ich damals angehörte, das nach dem Kriege von den Engländern in der britischen Besatzungszone, zu der Nordrhein-Westfalen gehörte, uns aufgezwungene angelsächsische System der Doppelspitze von Bürgermeister und Stadtdirektor abgeschafft. In einer Übergangszeit bis zur nächsten Kommunalwahl sollte der Rat mit absoluter Mehrheit ab dem 1. Januar 1995 einen hauptamtlichen Bürgermeister wählen können, der beide Funktionen miteinander vereinte, also Repräsentant einer Gemeinde und gleichzeitig oberster Verwaltungschef war. Bei der darauffolgenden Kommunalwahl 1999 sollte der hauptamtliche Bürgermeister dann in einer Urwahl von den Bürgern selbst bestimmt werden.

Nachdem die CDU wider Erwarten doch die absolute Mehrheit wieder zurückgewonnen hatte, rief Stadtdirektor Dr. Machens, dessen Amtszeit 1996 ausgelaufen wäre, den Fraktionsvorsitzenden Jürgen Becker zu sich und befragte ihn, ob er in Aussicht stellen könne, dass die CDU ihn als hauptamtlichen Bürgermeister nominieren würde. Er antwortete, dass wohl ich als ehrenamtlicher Bürgermeister und Parteivorsitzender den Vorrang habe. Dr. Machens erklärte daraufhin, dass er dann lieber gleich, wo er jetzt noch etwas Neues anfangen könne, aufhören wolle.

Am 3. November 1994 wählte mich der Stadtrat zum hauptamtlichen Bürgermeister. Am 31. Januar 1995 legte ich meine Landtagstätigkeit nieder – beide Ämter sind nach der Verfassung inkompatibel – und trat einen Tag später, am 1. Februar, mein neues Amt an.

Nun gab es klare Verhältnisse. Die Siegburger CDU hatte die Mehrheit im Rat, es gab Einigkeit zwischen Rat und Verwaltung und viele Erfolge für die Entwicklung der Stadt.

Die Bürger honorierten das; bei der ersten Direktwahl eines Bürgermeisters erhielt ich gegen drei Mitbewerber 63% der Wählerstimmen. Jetzt konnte ich endlich meine gesamte Kraft uneingeschränkt meiner Heimatstadt Siegburg widmen. Wie ich glaube, ist es mir in den Folgejahren bis zum Ausscheiden aus meinem aktiven Dienst im Jahre 2004 nicht schlecht gelungen. Ich bin in der Rückschau davon überzeugt, dass wir vieles nur deshalb erreicht haben, weil ich an die Probleme nicht allein mit den Augen eines Verwaltungsfachmannes herangegangen bin, sondern vor allem als kritischer Mensch mit gesundem Menschenverstand, der wie ein Unternehmer einen größeren mittelständischen Betrieb das relativ große Unternehmen Stadt zu führen hatte.

WIE MAN
GANZ SICHER WAHLEN GEWINNT

In meinem Landtagswahlkampf im Frühjahr 1990 waren wir zum ersten Mal auf die Idee gekommen: Blümchen verteilen. Das musste doch eine Möglichkeit sein, sich bei den Wählerinnen und Wählern bekannt zu machen. Wir hatten in unseren Canvassings auf dem Markt vor Ostern schon einige Male mit großem Erfolg Ostereier verteilt. Sie waren uns geradezu aus der Hand gerissen worden. 3000 bunt gefärbte Eier mit einem Aufkleber „Frohe Ostern von ihrer Siegburger CDU" waren in knapp zwei Stunden an die Passantinnen und Passanten abgegeben worden. Aber nach Ostern, die Landtagswahl fand am 12. Mai statt, konnte man keine Ostereier mehr verteilen. Rechtzeitig kam mir die Idee, es einmal mit kleinen Blumen zu versuchen. Wir besorgten uns bei „Ahrens und Sieberz", dem größten Siegburger Blumenhandel, einige 100 kleine Primeln in Plastiktöpfchen und boten sie den Passanten an. Der Erfolg war unvorhersehbar. Man riss uns förmlich die Frühlingsboten aus der Hand, teilweise konnten wir die Abgabe kaum noch in geordneter Form durchführen, so waren unsere Blumen vor allen Dingen von den Damen begehrt. Natürlich wiederholten wir diese Form des Wahlkampfs an jedem Samstag vor der Landtagswahl, an dem wir auf dem Siegburger Wochenmarkt unser Canvassing durchführten.

Da die Blümchenaktion sich als der große Renner herausstellte, banden wir sie auch in den übrigen Wahlkampf ein. In allen größeren Geschäften der drei Wahlkreisstädte Troisdorf, Niederkassel und Siegburg fuhren wir jeweils mit Paletten voller Primelchen vor und verteilten diese, nachdem wir vorher natürlich um Erlaubnis gefragt hatten, an die Kunden, nicht zuletzt mit der Bitte, doch bei der Landtagswahl an mich, den Kandidaten Rolf Krieger, zu denken.

Die Blumenaktion war aber nicht die einzige neue Form des Wahlkampfes, die wir vor dieser Landtagswahl einführten. Wir wussten ja: Es genügt nicht, die bessere Erfolgsbilanz aufweisen zu können, das bessere Programm für die nächsten Jahre zu verkünden – ohne eine ansprechende Sympathiewerbung kann man in der Parteienkonkurrenz nicht bestehen. Da mir viele CDU-Mitglieder für diese Wahl eine Menge kleiner und größerer Spenden hatten zukommen lassen, hatte ich mir schon frühzeitig einen alten Reisebus gekauft, den eine Siegburger Lackiererei ganz weiß gespritzt hatte. Und auf dem weißen Bus stand in der Farbe pink in großen Lettern „Rolf Krieger, einer, der was bewegt". Mit diesem Bus fuhren wir durch den gesamten Wahlkreis, um den „Rolf Krieger", den neuen Landtagskandidaten der CDU, bekanntzumachen.

Nachmittags hatte ich einen Busfahrer angeheuert, der gegen eine geringe Bezahlung Seniorengruppen durch den Wahlkreis fuhr, so z.B. von Siegburg nach Mondorf an den Rhein oder von Niederkassel oder Troisdorf zu einer Stadtrundfahrt durch Siegburg mit einem Besuch der Abtei. Am Bestimmungsort erhielten alle Seniorinnen und Senioren immer ein Stück Kuchen und eine gute Tasse Kaffee. Auch diese Aktionen halfen natürlich, meinen Bekanntheitsgrad positiv zu fördern.

Für die Abende hatte unser Wahlkampfteam – Franz Huhn, mein späterer Nachfolger als Parteivorsitzender und als Bürgermeister, hatte sich als Leiter dieses Teams zur Verfügung gestellt – sich eine weitere aufwändige Form des Wahlkampfes ausgedacht: Wir besuchten, auch hier wieder nach vorheriger Absprache mit den Wirten, alle Kegelbahnen des Wahlkreises und deren Kegelklubs, die am späten Nachmittag und am Abend ihrem Freizeitsport nachgingen. Und immer erschienen wir zu zweit mit Tabletts voller „geistiger" Getränke auf den Kegelbahnen. Ich stellte mich kurz vor, wünschte ein freundliches Prösterchen und vergaß nicht, darauf hinzuweisen, dass am 12. Mai Landtagswahl sei, dass doch alle bitte zur Wahl gehen sollten und dass ich mich natürlich freuen würde, wenn sie mich dann auch wählen würden. Dann wünschten wir einen schönen Abend und schon waren wir wieder weg zum nächsten Kegelklub in die nächste Kneipe. Natürlich war das für uns ganz schön anstrengend, denn wir mussten ja jedes Mal den überraschten Keglerinnen und Keglern zuprosten und mit ihnen ein Glas mittrinken. Natürlich hatten wir immer jemand dabei, der uns bei diesen abendlichen Rundfahrten chauffierte.

Auch für die Plakatierung in diesem Wahlkampf hatten wir uns etwas Besonderes einfallen lassen. Wir hatten weiße Plakate entworfen mit der Aufschrift in der Farbe pink: „Rolf Krieger, einer, der was bewegt", analog zu der Aufschrift auf dem weißen großen Reisebus. Von dieser Inschrift plakatierten wir in den ersten Wochen allerdings nur den zweiten Teil: „einer, der was bewegt". Wir erhofften uns davon, dass die Leute neugierig wurden: Was soll das? Wer ist das? Was steckt dahinter?

Unsere Absicht ging voll auf. In der Presse und sonst überall in der Öffentlichkeit stellte man sich diese Fragen und diskutierte die im ersten Augenblick eher als unsinnig erscheinenden Plakate. Als wir nach ca. drei Wochen des Rätsels Lösung auf die obere Hälfte der Plakate klebten, war der Zweck voll erreicht. „Rolf Krieger, einer, der was bewegt"; der neue Landtagskandidat der CDU war in aller Munde und hatte sich auch in den beiden Städten des Wahlkreises, Troisdorf und Niederkassel, in denen er nicht so bekannt sein konnte wie in Siegburg, voll ins Bewusstsein der Wähler eingeschrieben.

Das Ergebnis des Wahlkampfes war sehr positiv: zwar war es nicht möglich, den Wahlkreis gegen den damals außerordentlich bekannten Gegenkandidaten, den Troisdorfer Bürgermeister, direkt zu gewinnen, aber es gelang mir, den Stimmenabstand im Vergleich zur vorherigen Landtagswahl von 10.000 Stimmen auf 4000 Stimmen zu verringern. Es war das relativ beste Wahlergebnis im gesamten

Land Nordrhein-Westfalen zu Gunsten der CDU, sicherlich das Resultat dieses besonderen Einsatzes, den es in dieser Intensität vorher und nachher nicht wieder gegeben hat.

Viereinhalb Jahre später, bei den Vorbereitungen für den nächsten Kommunalwahlkampf, am 16. Oktober 1994, erinnerte ich mich natürlich an die hervorragend gelungene Blumenaktion beim Landtagswahlkampf. Wie konnte man das für den Kommunalwahlkampf noch verbessern und optimieren? Kurz vor einer Vorstandssitzung kam mir die entscheidende Idee: Jeder Kandidat sollte einen Hausbesuch in jeder Familie seines Wahlkreises machen, sich kurz vorstellen und dabei sein Blümchen überreichen. Dieser Vorschlag von mir wurde in der Vorstandssitzung heftigst diskutiert. Einige Mitglieder meinten, dass würden sie nicht machen, das sei Unsinn, das sei zu aufwändig, zu zudringlich usw. Selbst bei der Abstimmung über diese Maßnahme unter der Voraussetzung, dass der, der nicht wolle, nicht mitmachen müsse, erhielt ich nur eine knappe Mehrheit für diesen Vorschlag. Ich machte mir natürlich Gedanken, warum so viele Mitglieder des Vorstandes gegen eine nach meiner Ansicht erfolgversprechende Aktion waren. War es die große Arbeit, die damit verbunden war? Oder war es etwas anderes? Ich bin heute noch davon überzeugt, dass es etwas anderes war. Viele Kandidatinnen und Kandidaten hatten eine unbewusste Angst davor, an der Tür zu klingeln, sich vorzustellen, einen netten Spruch aufzusagen und dabei das Blümchen zu überreichen. In der Tat, hier gab es für manche eine recht hohe Hemmschwelle, die nicht einfach zu überwinden war. Das war etwas anderes, als eine Broschüre oder ein Flugblatt in den Briefkasten zu werfen. Auch ich hatte ja noch keine Erfahrung. Also ging ich zu „Ahrens und Sieberz", lud mir 100 Primeln ins Auto und begann den Versuch mit den Blumen in meinem Wahlkreis. Der Erfolg war überwältigend. Fast alle freuten sich, dass ich mir die Mühe machte, einmal persönlich vorbeizuschauen und dazu noch ein solch schönes kleines Geschenk zu überreichen. Ganz sicher würden sie auch bei der Wahl in einigen Wochen an mich denken. Nach dem ich die erste Charge verteilt hatte, rief ich umgehend meinen Freund und damals stellvertretenden CDU-Vorsitzenden Franz Huhn an. Ich bat ihn inständig, am nächsten Tag doch einmal nur eine halbe Stunde mit mir zu gehen, um selbst zu erfahren, wie positiv die Blumenaktion bei den Wählern ankam. Nach kurzem Zögern sagte er mir für den nächsten Tag zu. Ich holte wiederum in Seligenthal meine Rationen Blumen ab und klingelte mit Franz zusammen an den Türen der Haushalte in meinem Wahlkreis. Nach vier oder fünf Besuchen war er schon überzeugt: Das sei ja großartig, das habe er nie erwartet, einen besseren Wahlkampf könne man gar nicht machen, ab sofort würde er auch in jedem Haushalt seines Wahlkreises Blumen verteilen. Im Übrigen werde er sich auch dafür einsetzen, dass alle, die dies in der letzten Vorstandssitzung abgelehnt hätten, doch noch überzeugt würden. Bis auf zwei, die nicht zu überzeugen waren, haben bei dieser Kommunalwahl alle Kandidatinnen und Kandidaten der CDU die schwierige Arbeit auf sich genommen, in jeden Haushalt ihres Wahlkreises eine kleine Blume mit ihrer ansprechend gestalteten

Visitenkarte als Wahlkreiskandidat der CDU zu bringen. Der Erfolg hat ihnen Recht gegeben. Die riesige Arbeit hatte sich gelohnt. Im Vergleich zur vorhergehenden Kommunalwahl konnten wir mit einem Plus von über 2000 Stimmen für die CDU wieder die absolute Mehrheit erringen. Bei den beiden, die keine Blumen verteilt hatten, konnte man dies am Ergebnis deutlich ablesen.

In den darauffolgenden Kommunalwahlkämpfen war es für die CDU-Kandidatinnen und -Kandidaten selbstverständlich, dass in jeden Haushalt eine kleine Blume zu bringen war. Seit dem haben wir alle Kommunalwahlen in Siegburg mit überzeugender absoluter Mehrheit gewonnen, bei der letzten Kommunalwahl im Herbst 2009 fuhren wir in Siegburg das beste Kommunalwahlergebnis im gesamten südlichen Rheinland ein. Ich bin der festen Überzeugung, dass diese Erfolge in den letzten Jahrzehnten neben der guten Politik und dem übrigen intensiven Wahlkampf mit seinen Broschüren und Postern vom „Schönen Siegburg" auch zu einem nicht unerheblichen Teil von dem einzigartigen Wahlkampf mit den Blumen abhingen.

Worin kann der Erfolg einer solchen relativ kleinen und unbedeutenden Aktion zu suchen sein? Ich habe dafür folgende Erklärung: Die kleine Blume ist zugleich etwas Materielles und Immaterielles. Sie ist schön und sie macht Freude. Darüber hinaus erinnert sie für längere Zeit, zumindest in der Zeit, in der sie blüht, an denjenigen, der sie überbracht hat. Man ist demjenigen vielleicht ein wenig dankbar und daher vielleicht auch ein wenig eher geneigt, zur Wahl zu gehen und für sie oder ihn zu stimmen. Wie oft habe ich in den darauffolgenden Wahlkämpfen erlebt, dass, als ich die Blume überbrachte, die Hausfrau sagte: „Herr Krieger, kommen Sie mal gerade herein und schauen Sie sich das Primelchen auf der Fensterbank an. Das ist noch vom letzten Wahlkampf. Jedes Jahr hat es wunderschön geblüht und jetzt bringen Sie mir schon wieder ein neues. Sind denn schon wirklich wieder fünf Jahre vergangen?"

Ich möchte mit Sicherheit der Wirkung der Blumen im Wahlkampf keine Wunderkraft zuteilen. Aber es gibt eine interessante Tatsache, die darauf hinweist, dass dieser Art des sich Vorstellens und um die Stimme zu bitten, eine gewisse Kraft innewohnt.

Die Stadt Siegburg hat eine Patenstadt in den neuen Bundesländern, Werder an der Havel, im Bundesland Brandenburg. Dort haben wir, gleich nach der Wende, mitgeholfen, die Verwaltung in dieser Stadt neu zu organisieren und aufzubauen. Viele unserer Amtsleiter sind mehrmals für einige Wochen dorthin gefahren, haben die Beamten und Angestellten angeleitet, wie man eine Verwaltung gestaltet und führt.

In dieser Stadt haben wir die dortige CDU in ihren ersten Kommunalwahlkämpfen von Siegburg aus unterstützt. Mit einigen unserer Freundinnen und Freunde sind wir dorthin gefahren und haben auf der Straße, in den Geschäften und in vielen Wohnungen kleine Topfblumen verteilt.

Werder an der Havel ist in Brandenburg die einzige Stadt mit einem CDU-Bürgermeister und mit einer CDU-Mehrheit.

WIE MAN BUNDESTAGS- UND LANDTAGSKANDIDATEN AUFSTELLT
ODER: DIE GROSSE SIEGBURGER CDU-FAMILIE

Bis zu meiner Wahl in den Landtag, im Frühjahr 1990, wurden die Kandidaten noch von Parteitagsdelegierten aufgestellt. Für den Landtagswahlkreis, Troisdorf/Niederkassel/Siegburg bedeutete das, man musste die Delegierten des eigenen Stadtverbandes und die eines weiteren hinter sich wissen, um als Kandidat aufgestellt zu werden. In meinem Falle haben mich die Niederkasseler gegen einen Troisdorfer Mitbewerber unterstützt, vor allem deshalb, weil ich vorher zusammen mit meinem Freund Michael Solf vehement gemeinsam mit den beiden Niederkasseler Kreistagsabgeordneten gegen eine geplante Müllverbrennungsanlage in Niederkassel gekämpft hatte. Aus diesem Grunde wurde sogar einer Niederkasseler Mitbewerberin um das Landtagsmandat zu verstehen gegeben, dass sie keine Chance habe, die Niederkasseler Stimmen gegen mich zu gewinnen. So geschah es denn auch: Mit den Delegiertenstimmen beider Städte wurde ich mit großer Mehrheit zum Landtagskandidaten nominiert.

Wie schon an anderer Stelle dargelegt, zog ich über die Liste in den Landtag ein. Ein großer Achtungserfolg war es jedoch, dass ich dem bekannten Gegenkandidaten von der SPD rund 6000 Stimmen bei dieser Wahl abnehmen konnte und das im Vergleich zur vorherigen Landtagswahl relativ beste Ergebnis in Nordrhein-Westfalen einfahren konnte.

Knapp fünf Jahre später musste ich auf mein Landtagsmandat verzichten, weil ich zum ersten hauptamtlichen Bürgermeister der Stadt Siegburg gewählt wurde; beide Ämter sind inkompatibel. Wer sollte, konnte mein Nachfolger werden? In erster Linie kam in Frage der Bürgermeister der Stadt Niederkassel, unser Freund Walter Esser. Doch er verzichtete, weil auch er es vorzog, sich zum hauptamtlichen Bürgermeister der Stadt Niederkassel wählen zu lassen.

Wer kam jetzt noch infrage? Für uns Siegburger stand fest: Jetzt musste unser Freund und Mitstreiter Michael Solf antreten. Er wollte zunächst nicht, weil er, der Gymnasiallehrer mit Leib und Seele, nicht auf seine Schüler und seine Schule verzichten wollte. Aber wir schafften es, ihn zu überzeugen. Natürlich war auch ein Troisdorfer ins Rennen gegangen. Troisdorf als größte Stadt des Rhein-Sieg-Kreises und damit auch dieses Wahlkreises war der Überzeugung, dass es ihr unbedingt zustünde, im Landtag von Nordrhein-Westfalen vertreten zu sein. Die Chancen standen nicht schlecht, da Michael Solf in Niederkassel längst nicht so bekannt war, aber auch, weil viele in Niederkassel dachten, jetzt wären die Troisdorfer an der Reihe, auch einmal einen Landtagsabgeordneten zu stellen.

Zum Glück aber hatten wir in der vorherigen Landtagsperiode, in der ich noch

Mitglied war, das System für die Aufstellung der Landtagskandidaten geändert: von der Delegiertenwahl zur Urwahl. D.h. alle eingeschriebenen Parteimitglieder des Wahlkreises sind aufgerufen, in einer großen Versammlung ihren Landtagskandidaten zu wählen. Bei der Landtagswahl wurde als Aufstellungsort das Bürgerhaus in Troisdorf gewählt. Die Troisdorfer hatten also Heimrecht und für uns war es schwer, mehr Parteimitglieder nach Troisdorf zu bekommen als die Troisdorfer selbst. Es musste uns gelingen, möglichst viele Siegburger CDU-Mitglieder an diesen Versammlungsort zu bringen, damit Michael Solf eine Chance hatte. Ein weiteres Beispiel dafür, dass es zum Erfolg in der Politik nicht nur darauf ankommt, die besten Ideen, Programme, Persönlichkeiten und Aktivitätsnachweise zu haben, sondern auch die Fähigkeit, den Zuspruch der Menschen zu erfahren und ihn organisatorisch umzusetzen. Die Siegburger CDU-Mitglieder waren nach all den bewegten Zeiten eine in großen Teilen einige Mannschaft geworden, die die Verantwortlichen aus Überzeugung unterstützte. Es ging darum, dies so effektiv wie möglich umzusetzen, wenn es darauf ankam. Unser engster Kreis „hockte" sich wieder zusammen, um dieses Problem zu lösen. Wir ersannen ein System mit Bussen, die nach einem festgelegten Fahrplan Sammelstellen in den einzelnen Siegburger Ortsteilen am Versammlungsabend anfuhren, um die Parteimitglieder aufzunehmen, nach Troisdorf zur Wahl zu fahren und sie anschließend wieder an die Stellen zurückzubringen, an denen sie abgefahren waren.

Über diese Möglichkeit informierten wir alle CDU-Mitglieder aber nicht nur schriftlich, sondern wir teilten uns darüber hinaus alle auf, kontaktierten jeden persönlich über das Telefon und baten ihn, doch an diesem Abend mitzumachen, sich zur Verfügung zu stellen und so unserem Freund Michael Solf eine Chance zu geben. Die Zustimmung war überwältigend, alle Busse gut gefüllt und bereits im ersten Wahlgang erreichte Michael Solf die für seine Aufstellung notwendige absolute Mehrheit.

Aber 1995 war der Wahlkreis – trotz überdurchschnittlicher Zugewinne für die CDU – noch nicht „zu holen". Die NRW-CDU hatte aus Gründen, die ich nicht nennen möchte, um nicht alte Wunden in der Kreis-CDU wieder aufzureißen, Michael Solf nur auf den aussichtslosen Platz 67 auf der Reserveliste gesetzt. Aber es gibt eben eine ausgleichende Gerechtigkeit. Bei den Kommunalwahlen 1999 errangen wider Erwarten viele CDU-Landtagsabgeordnete Bürgermeisterposten, schieden deshalb aus dem Landtag aus, und so „rutschte" Michael Solf Anfang Oktober 1998 als einer der letzten Nachrücker in den Landtag ein. Und schon wenige Wochen später stand die nächste innerparteiliche Kandidatenaufstellung an. Wie nicht anders zu erwarten war, wurde Michael Solf auch dieses Mal dieser Posten wiederum von einem Troisdorfer streitig gemacht. Darüber hinaus hatte aber auch ein weiterer Siegburger, Hans-Günter Burgwinkel, der Vorsitzende der Kreis-Mittelstandsvereinigung, Ambitionen auf den Landtag. Er hatte dies schon, als Michael Solf noch nicht nachgerückt war. Er bat um eine Unterstützung des Siegburger Stadtverbandes. Er werde dann auch nicht erneut für eine Stadtratskandidatur antreten, aus dem er – wie geschildert – 1994 ausgeschieden war. Jürgen Becker musste ihm klarmachen, dass Michael Solf – nachdem er in den Landtag nachgerückt war – unser Kandidat werden solle. Trotz gegenteiligen Votums des Siegburger Parteivorstandes war er nicht davon abzubringen, gegen Michael Solf anzutreten. Wir waren gut beraten, uns wiederum auf unsere eigene Stärke zu besinnen und zu versuchen, mehr CDU-Mitglieder, die für Michael Solf stimmen würden, zum Versammlungsort zu bewegen als die Troisdorfer. Wie das aber anstellen? Dieser wurde diesmal in der Stadt Niederkassel und dort im nördlichsten und damit am weitesten von Siegburg entfernten Ortsteil Lülsdorf vom Kreisvorstand „ausgesucht".

Die für die CDU Verantwortlichen aus der Nachbarstadt Troisdorf hatten mit Sicherheit beim letzten Mal von uns gelernt und würden nunmehr auch Busse organisieren, um die Mitglieder aus den einzelnen Stadtteilen zum Versammlungsort zu chauffieren. Es musste uns gelingen, dieses System zu toppen, und es gelang uns auch. Wir organisierten generalstabsmäßig, dass alle CDU-Mitglieder, von denen wir ausgingen, dass sie für Michael Solf waren, von zu Hause zu einer festgesetzten Uhrzeit von einem PKW abgeholt, nach Lülsdorf gefahren und nach der Versammlung wieder nach Hause gebracht wurden. Das Ergebnis war überwältigend: jeder, der nicht krank oder an diesem Tag in Urlaub war, konnte mitmachen und machte mit – bequemer, besser und sicherer ging es nicht.

Der Erfolg: Michael Solf erreichte bereits im ersten Wahlgang mit einer Stimme mehr als seine beiden Gegenkandidaten die absolute Mehrheit. 323 zu 322 lautete das Ergebnis. Es erzeugte bei unseren Leuten eine riesige euphorische Stimmung. Jeder konnte mit Recht sagen: „Nur auf mich kam es an! Wenn ich nicht mitgekommen wäre, hätte unser Michael nicht schon im ersten Wahlgang die absolute Mehrheit erhalten!" An diesem Abend wurde wiederum das große Zusammengehörigkeitsgefühl der Siegburger CDU gestärkt. Nichts ist erfolgreicher als der Erfolg, vor allem, wenn er auf der Grundlage einer großen Arbeitsleistung erzielt wird.

Einmal allerdings, 2002 bei der Aufstellung des Bundestagskandidaten, gelang es uns nicht, den Siegburger Jürgen Becker, einen unserer besten Mitstreiter und Freunde, durchzusetzen. Leider hatte sich ein Siegburger Parteimitglied gegen den offiziellen Bewerber unseres Stadtverbandes selbst in die Bewerberliste eingereiht, sodass ein Niederkasseler und zwei Siegburger zur Auswahl standen. Dieses andere Siegburger CDU-Mitglied, eine Frau, die bis dahin noch nie aktiv mitgearbeitet hatte, war vom damaligen Vorsitzenden der Kreis-Mittelstandsvereinigung, der Jürgen Becker seine Ablehnung als Landtagskandidat noch nicht verziehen hatte, zur Kandidatur ermuntert worden, damit der Kandidat aus Niederkassel, der ebenfalls der Mittelstandsvereinigung angehörte, gewinnen könne. Und so lag Jürgen Becker im ersten Wahlgang zwar vorne, verfehlte aber die absolute Mehrheit und im nachfolgenden Wahlgang gewann ganz knapp der Niederkasseler Mitbewerber. Dieser Niederkasseler scheiterte dann bei der nachfolgenden Bundestagswahl. Bei den Erststimmen gewann der Troisdorfer SPD-Gegenkandidat den eigentlich kaum verlierbaren Wahlkreis. Bei den Zweitstimmen dominierte allerdings auch bei dieser Wahl die CDU.

Bei der nächsten Aufstellung für den Bundestag, drei Jahre später bei der überraschenden Neuwahl 2005, wollte der Kreisvorsitzende einen Kandidaten von außerhalb des Wahlkreises für uns in den Bundestag bringen. Warum sollten wir uns das gefallen lassen, hatten wir in Siegburg doch selbst eine hervorragende Kandidatin, jung, klug, gut aussehend, Juristin und von Beruf Familienrichterin am Amtsgericht Siegburg, Mutter dreier heranwachsender Kinder. Lisa Winkelmeier-Becker, die Ehefrau des Kandidaten von vor 3 Jahren und schon stellvertretende Vorsitzende der Kreispartei. Schon seit Jahren arbeitete sie in der Partei mit, hatte die gleichen Ideale, denen die Siegburger CDU sich verpflichtet fühlte und konnte Anerkennung und Zuspruch bei vielen in der Kreispartei gewinnen. Aber sie brauchte zusätzlich die große Unterstützung durch ihren eigenen Stadtverband.

Die Aufstellungsversammlung für den großen Wahlkreis, zu dem neben Troisdorf, Niederkassel und Siegburg auch die „Berggemeinden" gehören – nämlich Eitorf, Hennef, Lohmar, Much, Neunkirchen-Seelscheid, Ruppichteroth und Windeck –, fand in Hennef statt. Wieder setzten wir unser bewährtes Abholsystem ein, und wiederum gelang es uns, genügend Siegburger CDU-Mitglieder nach Hennef zu bringen, um unsere Siegburger Kandidatin, Lisa Winkelmeier-Becker gegen den Kandidaten des Vorsitzenden der Rhein-Sieg-CDU im ersten Wahlgang zu nominieren. Wiederum ein riesiger Erfolg für die große Siegburger CDU-Familie und wiederum ein riesiger Erfolg für das unglaublich aufwändige Abholsystem mit lieben netten Parteimitgliedern, die ihren privaten PKW einsetzen und liebe nette Parteimitglieder aus der Nachbarschaft zur Versammlung mitnahmen und wieder nach Hause zurückbrachten.

Lisa Winkelmeier-Becker gewann den Wahlkreis direkt, und der bei der vorherigen Wahl siegreiche Kandidat von der SPD war bestürzt, dass er aus dem Bundestag ausscheiden musste. Er war ganz fest davon ausgegangen, dass er bei dem großen Vorsprung an Erststimmen bei der letzten Wahl auch dieses Mal in direkter Wahl wiedergewählt würde.

Bei der nächsten Aufstellung des Bundestagskandidaten war die Lage wesentlich einfacher. Durch ihre überzeugende Arbeit im Deutschen Bundestag hatte Lisa Winkelmeier-Becker keinen Gegenkandidaten. Die Kandidatenaufstellung selbst erfolgte in Lohmar. Da es keinen zweiten Kandidaten gab, hatte man auch nicht mit vielen Teilnehmern gerechnet. Man glaubte deshalb, im Saal mit 150 Stühlen auskommen zu können. Wie groß war die Verwunderung der Verantwortlichen, dass selbst 300 Stühle, die noch schnell herbeigeschafft werden konnten, kaum ausreichten.

Die Wertschätzung ihrer Bundestagsabgeordneten war bei den Parteimitgliedern des gesamten Wahlkreises so groß, dass sie es als eine Art Verpflichtung ansahen, ihrer Abgeordneten, obwohl es diesmal um nichts ging, durch ihre Anwesenheit und ihr Votum für sie, ihr auf diese Weise für die geleistete Arbeit zu danken.

Auch Michael Solf hatte bei seiner nächsten Aufstellung für den Landtag keinen Gegenkandidaten mehr, sicherlich ebenfalls deshalb, weil seine Arbeit für den Wahlkreis in der Legislaturperiode zu gut war, als dass ihn jemand hätte ablösen wollen oder können. Auch bei seiner Aufstellungsversammlung kamen viele Parteifreunde vor allem aus Siegburg, Niederkassel, aber auch aus Troisdorf, um ihm für die engagierte Arbeit in den vergangenen Jahren zu danken.

Und so fügte sich für mich als Ehrenvorsitzender der Siegburger CDU am Ende wieder alles zum Guten: eine Siegburgerin im Bundestag, ein Siegburger im Landtag (bis Mai 2012) und mein Freund Franz Huhn als mein Nachfolger und anerkannter Bürgermeister der Stadt Siegburg.